執念

覚悟に潜む狂気

今からは想像ができないほど痩せた体の合戸（写真左）

初めて入会したスポーツクラブのスタッフや仲間たちと、マラソンに挑戦（左から2人目）

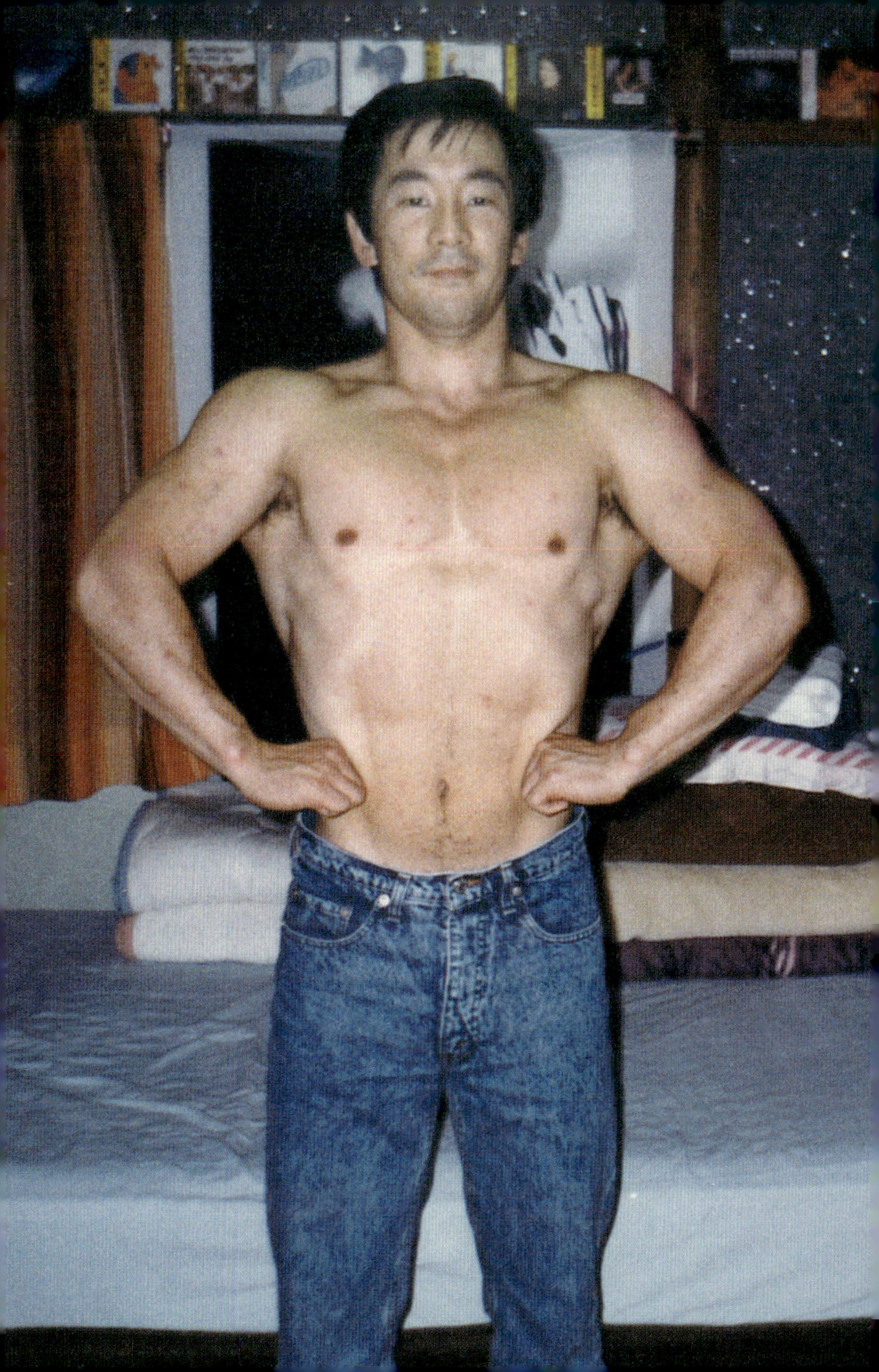

真理子夫人との新婚旅行の目的地は、アメリカ西海岸だった

当時の女子トップビルダー、レンダ・マーレイと遭遇した際の2ショット

２年間の眠りから覚め、１日８時間のＷスプリットトレーニングで、
中部日本ボディビル選手権で優勝（1995 年）

左目の異変を抱えながら、1999 年の世界選手権で 4 位入賞。喜びの帰国も、この直後、人生最大の決断を迫られることに

在りし日の初代マッスルハウスジム。合戸の実家を夫婦自らの手で改装し、1995年にオープンした

ジムにも駐車スペースにも手狭感を覚えたことで、現在の地に２代目のジムを構えた

2005年、7度目の挑戦で悲願のミスター日本に。44歳のときだった

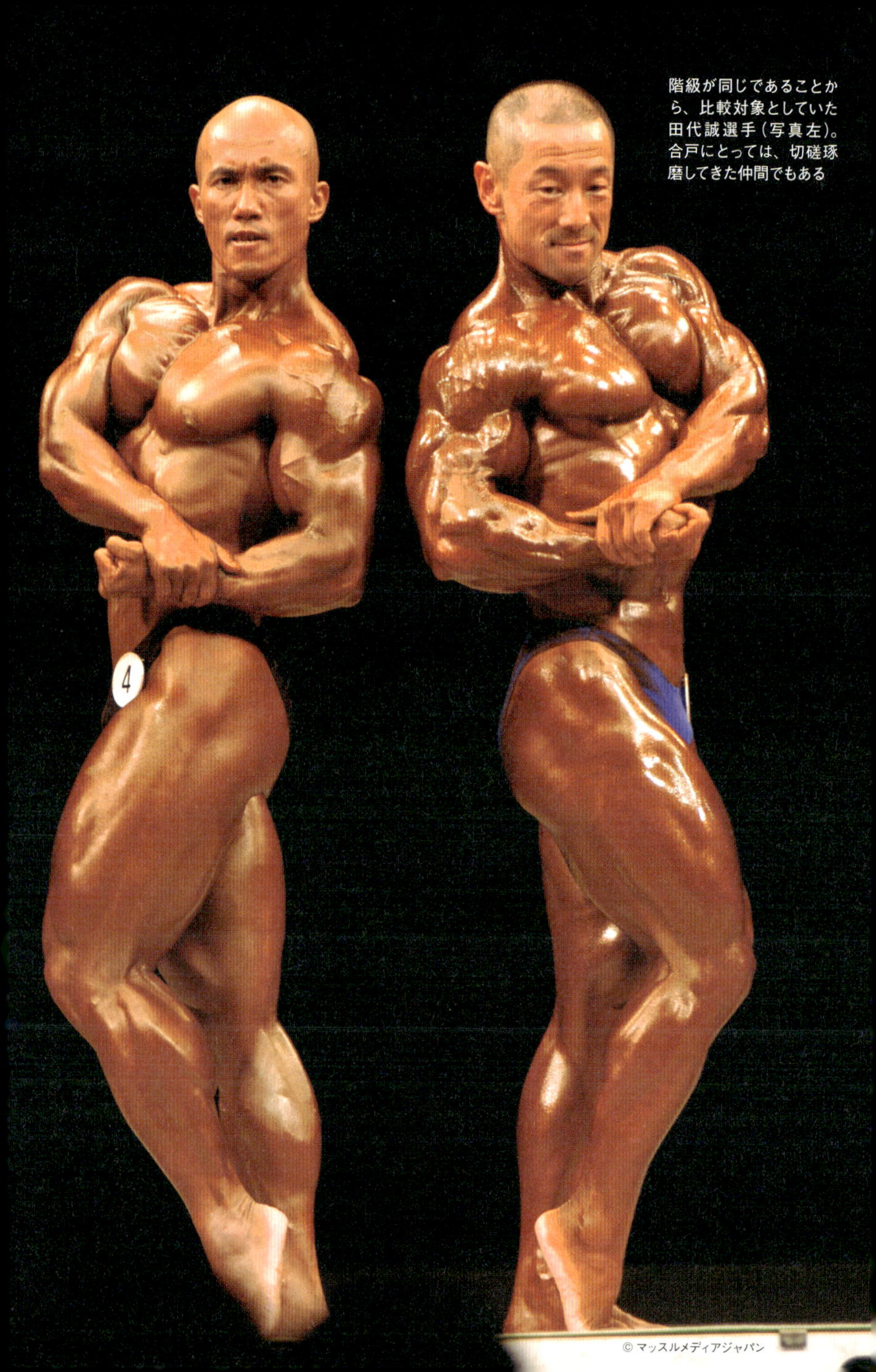

階級が同じであることから、比較対象としていた田代誠選手（写真左）。合戸にとっては、切磋琢磨してきた仲間でもある

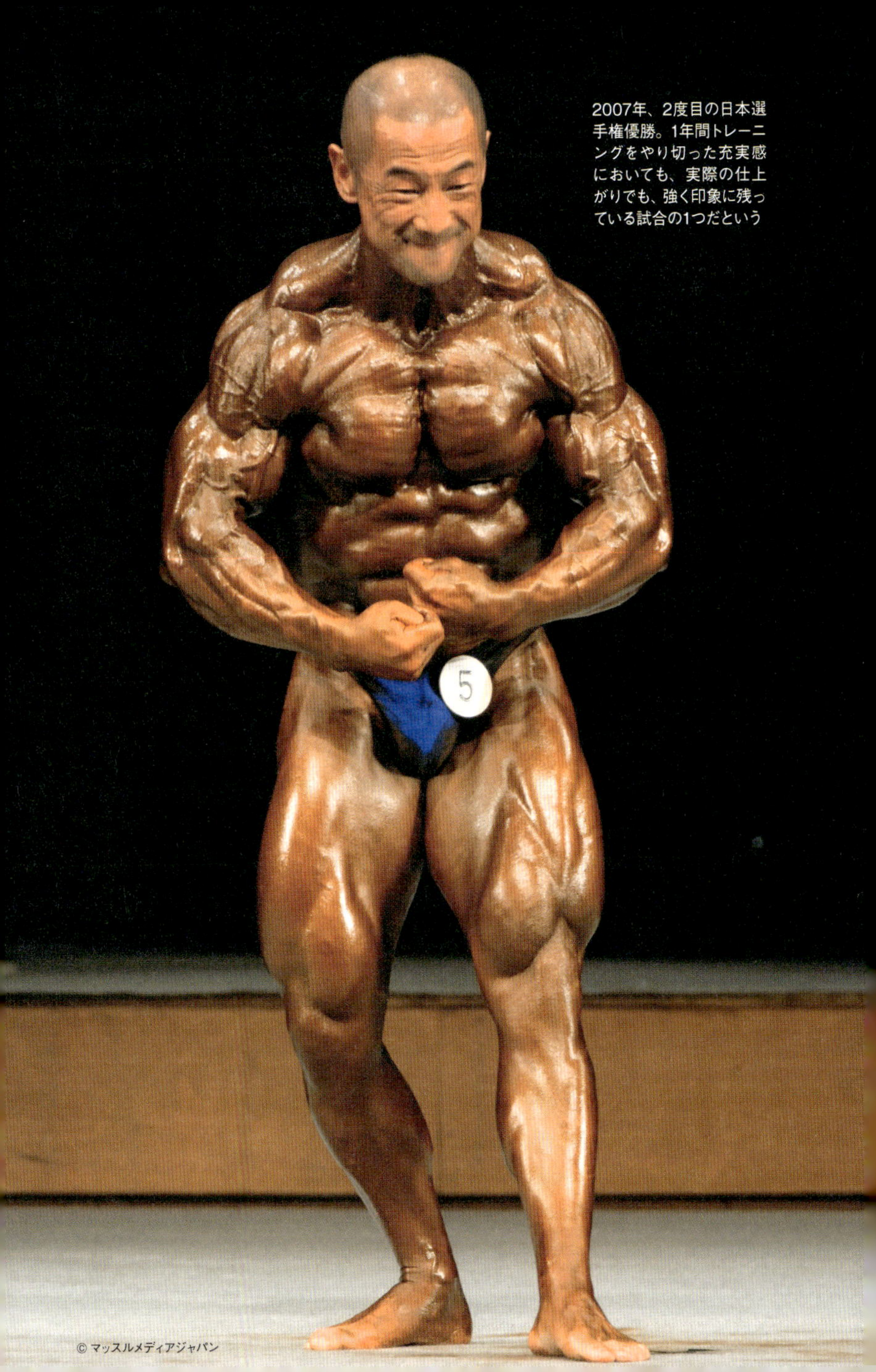

2007年、2度目の日本選手権優勝。1年間トレーニングをやり切った充実感においても、実際の仕上がりでも、強く印象に残っている試合の1つだという

2004 年以降、常に表彰台に上っていた合戸だが、2014 年に 4 位降格。悔しさをバネに挑んだ翌年の日本選手権では、順位を 2 つ上げた

2015年以降、雑誌『トレーニングマガジン』の企画取材を通じて親交のある、岡田隆・日本体育大学准教授と

合戸夫妻にとっては子どものような存在の愛犬

2016年夏に負ったケガにより、その年の日本選手権は欠場。1年間のブランクを経て、2017年の同大会で復活。ケガ以前と遜色のない仕上がりに、会場からはどよめきが起こった

オリンピア・アマチュア・
アジア 2017

「バルクを正当に評価してもらうために」と挑戦した、オリンピア・アマチュア・アジア 2017 では、70kg 以下級 4 位に終わったが、今後も国際大会出場に意欲を見せている

執念

覚悟に潜む狂気

合戸孝二

目次　Contents

装丁デザイン	PAGUO DESIGN
撮影	岡部みつる BBM
構成	岡部みつる 岡田 隆
編集	『トレーニングマガジン』編集部
協力	株式会社健康体力研究所

第一章

〝狂気の男〟の生き様

―半生記編―

ブルース・リーに憧れて

俺がウエイトトレーニングを始めたのは、二十歳の頃。後輩に誘われて、地元のフィットネスクラブに通い出したことに端を発する。

男なら誰もが一度は、鍛え上げた筋肉の鎧を身につけたいと思ったことがあるはずだ。ご多分に漏れず、俺もその一人だった。

……なんてカッコつけたいところだけど、胸中はこうだ。

(エアロビをやってるおネエちゃんが見たい!)

筋肉をつけようとか、強くなりたいとか、ましてや痩せたいなんて大義は、これっぽっちもなかった。

「オンナノコにモテるカラダになるため」じゃなくて「オンナノコを見にいくため」。その一心だった。

頭の中は百パーセント、不純な動機で埋め尽くされていたんだ。

そもそも、この頃の俺はウエイトトレーニングの必要性をまるで感じていなかった。それなりに引き締まったカラダをしていたし、体重にいたっては六十キロしかなかったのだから。

ただ、鍛え上げた肉体に憧れたのも、まるっきり嘘ってわけじゃない。

俺くらいの年代の人は、誰もがブルース・リーに衝撃を受けている。あのカラダに憧れないヤツはいない。

小学生の頃、夏休みになると俺は近所の悪ガキと連れ立って、藤枝にあった小さな映画館に行った。裏へ回り、便所の窓から潜り込むと、「東宝チャンピオンまつり」の『ゴジラ』や『巨人の星』を観たものだ。そんな俺が中学生になったとき、わざわざ電車に乗り、静岡市まで行って観たのが『燃えよドラゴン』だった。もちろん金を払って、それも三回。

ただ、ブルース・リーに憧れるヤツは、二つのタイプに分かれる。

一つは「アクションに憧れるタイプ」。要は、カンフーや中国武術、空手道などを習い始めるヤツだ。そしてもう一つが「引き締まった肉体に憧れてカラダづくりを始めるタイプ」。もちろん俺は後者だった。それなりに引き締まったカラダをしていたのは、ブルース・リーの肉体に憧れて、家で腕立て伏せや腹筋なんかをやっていたからというのもある。

「今日はカワイイ娘がいるかな」と、足繁くジムに通いはしたものの、スタジオを覗き込んでばかりもいられない（それじゃ、本当にただの変態だ）。

さっきも話したように、もともとカラダづくりには関心があったから、ものは試しでトレーニングマシンに手を伸ばすようになった。

言っとくけど、今のフィットネスクラブを想像してもらっちゃ困る。

そこにはユニバーサル・マシンが一台あるだけだった。中央のウエイトスタックを取り囲むようにシートなどが設置され、ベンチプレスやレッグエクステンション、ロウイング、ショルダープレス、アームカールにトライセプスプレスダウンといった、さまざまなトレーニングが可能なアレだ。

しばらくトレーニングしているうちに、ユニバーサル・マシンではフルスタックを扱うようになった。一番下のプレートにピンを差して、そのマシンの最高重量でトレーニングできるようになったというわけだ。

だいたいこの手のマシンは、人間が出し得る力の限界を考えて作られていない。あくまでも安全性を重視している。扱いやすい範囲でしか重りを動かせないから、フルスタックを挙げるのもそんなに難しいことじゃないんだ。

もの足りなさを感じるようになるまでに、時間はそうかからなかった。ちょうど「オンナノコの見学」にも飽きてきた頃、俺はさらなる刺激を求めて、三年近く通ったフィットネスクラブに別れを告げた。

そういえば、ここへ通っているときにはマラソンに挑戦したこともあった。スタッフや会員仲間と一緒に、河口湖の大会で十キロ走ったんだ。今じゃ考えられない。

カラダを鍛えるために俺が求めた新天地は、沖ヨガ道場だった。ここに移ったのは、「ヨガ道場」と銘打ちながら、ひと通りのマシン類に加えてフリーウエイトもそろっていたから。しかもこの道場は、軽いジョギングくらいなら室内でできる、ちょっとした体育館くらいの大きさだった。

でも、先生はもちろんヨガが専門で、ウエイトトレーニングはしない。だからトレーニング指導はしてもらえなかったけれど、そこへ通う常連の人たちが、あれこれと手ほどきをしてくれた。

沖ヨガ道場へ通うようになって、俺はカラダを鍛えることに俄然興味がわくようになった。きっかけは、道場にあった『月刊ボディビルディング』。のちに、俺のバイブルとなるボディビルの老舗雑誌だ。トレーニングはもちろん、一分間インターバルなどの知識もここから得た。

道場でその雑誌に目を通していたときに、「フェスタしずおか」でボディビル大会が行われることを知った。それも静岡県ナンバーワンを決める、静岡県ボディビル選手権だ。

フェスタしずおかは一九七二年から一九九九年まで、静岡市の駿府城公園で毎年八月に、三日間にわたって行われていた。二日目と三日目の夜に行われる歌謡ショーには当時の人気歌手が多数出演し、トリを飾るのは決まって西城秀樹だった。

歌謡ショーでにぎわうメイン会場の隣に、屋外かつ立ち見ながら三千人は収容できるサブ会場があり、ボディビル大会やミス・コンテストはそこで開催されていた。

人ごみが大嫌いな俺は、進んでこうした催し物に出かけるタイプじゃない。それが、わざわざ足を運んだわけだから、よほどボディビルに興味があったのだろう。

半裸の男たちが居並ぶステージに目を向けた瞬間、俺の全身に衝撃が走った。

（世の中に、こんな人間がいるんだ！）

ただただ驚くしかなかった。そして、「俺も鍛えたらあんなカラダになれるのだろうか？　いつか出てみたい」と考えるようになった。

これが、俺とボディビルとの出合いだ。


沖ヨガ道場には二年ほど通ったが、ここは静岡県ボディビル連盟（当時）に加盟していなかった。それは、連盟が主催するボディビル大会に出場できないことを意味している。フェスタしずおかで行われる、静岡県ボディビル選手権も例外ではない。

そこで俺は、加盟ジムの一つだったタイタンジムへ移ることを決めた。二十六歳のときのことだ。

そこでも俺は毎日トレーニングに励み、デビュー戦に挑んだ。なにしろ初めてのボディビル挑戦だから、すべてが手探り。減量することさえ知らなかったし、もともとそんなに脂肪がつくタイプでもなかったから、調整という調整はしなかった。

体毛を剃ってビルパン一丁で人前に出るのは、さすがに多少抵抗があったけれど、それでも初めての大会で、俺は四位に入ることができた。

ちなみに、俺が初めて出場するもんだから、「援護射撃になるように」と一緒に出てくれたタイタンジムの会長は、あえなく予選落ちだった。

その後、榛原町《はいばら》（現・牧之原市）にある福代ジムが、マシンやフリーウエイトが充実していて、大会に出場する選手も多いという噂が耳に入ってきた。俺はすぐに福代ジムへ見学に出かけた。

そこで俺はとんでもないものを見てしまった。ガラス越しに、ものすごいカラダをした屈強な男がトレーニングしていたんだ。

とにかく絞れていて、なおかつぎっちりと筋肉が詰まっている。それでいて全身のバランスがよく、俺が少年時代に憧れたブルース・リーのカラダを、もうひと回り大きくしたような、カッコいい肉体だった。

頭の中の俺が「どんなに頑張ってもこんなカラダにはなれない。絶対に無理！」と言っている。でも、そこにはもう一人の俺がいて、「このジムへ通えば、あんなふうになれるかもしれないよ」と囁く。

俺はすぐに三度目のジム移籍を決断した。

02

歓喜の初優勝と〝サバ味噌〟に負けた夏

福代ジムへ行っていた頃は、とにかく楽しかった記憶しかない。

タイタンジムでは大会に出るのは会長と俺くらいのものだったけど、福代ジムには俺の移籍を受けて大会出場者が集まるようになり、在籍選手は十人を超えた。同じ志をもった人間が集まって切磋琢磨するのだから、楽しくないわけがない。

なかでも特に印象に残っているのが、ハックスクワットだ。

その頃にはスプリットトレーニング（分割法）を習得していて、当然「脚の日」もあった。

まずはレッグエクステンションでならし、バーベルスクワットに移る。その後はレッグプレスを行って、シメはハックスクワット。福代ジムに所属する選手は皆、誰もがこのルーティンで脚のトレーニングを行っていた。

なんの変哲もないプログラムなのだが、これが強烈だった。最終種目のハックスクワットを始めようとマシンに手をかけると、どこからともなく補助者が現れて、否応なしに追い込まれるからだ。もちろん俺も、脚の日には洗礼を受けた。

「補助つきますか?」の問いかけ(というよりは、むしろ宣言といったほうがしっくりくる)をきっかけに、マシンの左右に一人ずつ、二人が補助につく。そしてセットが始まると、補助者らは「まだまだいけますよ。軽い、軽い!」と励ましの声を掛けてくれるのだ。

ところが、いよいよ潰れそうになると、優しかった声援は一転して檄《げき》へと変わり、「おら、どうしたぁ? まだまだだぞ!」と責め立てる。これでもまだ序の口だ。

いよいよ限界を迎え、脚がブルブル震えだすと、ここでまさかの「あと三十!」の掛け声。これを合図に、決して止まることを許されない地獄の追い込みが始まる。

それまで全身から噴き出していた、玉のような汗はピタリと止まり、顔面からは血の気が失せ、唇まで震える始末。それでもどうにか立ち上がり、ヒザを伸ばした状態で少しでも休もうとすれば、恐怖の鉄槌が下される。補助者にヒザの裏を小突かれるのだ。ロックしたはずのヒザは脆くもカクンと折れ曲がり、自動的に次のレップが始まる。

最後のほうはほとんど気を失いかけているから、地獄からの生還を意味するうれしいはずのカウントも、まるで耳には届かない。

当然のことながら、誰にも脚の日は回ってくるわけだが、俺たちは皆、脚の日の〝犠牲者〟を求めて毎日虎視眈々としていた。おもむろにレッグエクステンションを始めるヤツがいようものなら、ジムの空気は一変する。

（あいつ……レッグエクステンションを始めたってことは、今日は脚の日だな）

その後は自分のトレーニングなんて、そっちのけ。ハックスクワットが始まるのを今か今かと待ちわびることになる。それがなんとも楽しかった。

ジムにいる間に〝犠牲者〟が現れないと、どこか寂しい気持ちになる。逆に、自分が脚のトレーニングをする日に、たまたまジムに人が少なく補助者がついてくれないと、それはそれでガッカリしていた。

厳しくて楽しい、そんなトレーニングを重ねながら、大会にも毎年出場した。

三位が三回ほど続いた後、夏真っ盛りの一九九二年八月二日、俺は遂に静岡県ボディビル選手権を制した。相変わらずフェスタしずおかのイベントの一環として行われていたその大会には、前年にＵＷＦインターナショナルを旗揚げし、団体の絶対的エースとして人気を博していたプロレスラーの高田延彦がゲスト審査員として招かれていて、俺のことをガン見していた。

年ごとに変わる優勝商品は、金鳥の蚊取り線香とキンチョールの詰め合わせ一年分。よく考えたら、俺はこの頃から金鳥と縁があったらしい。余談だが、俺は二〇一五年に金鳥のテレビコマーシャルに出演している。といっても、首から下だけなのだが。

この頃の俺の目標は「アジアで優勝すること」だった。

なぜアジアなのかは、自分でもよくわからない。ただ、その目標がぶれることはなかった。だから、日本ボディビル選手権も当時は眼中になかった。「アジアを制すれば、そのうち出場するようなこともあるかもしれない」、そのくらいにしか考えていなかったんだ。そして、俺には根拠のない自信があった。

ボディビルダーにとっては、筋肉を大きくすることが最重要課題だ。アジアで優勝するためにも、ハードなトレーニングを行うのはもちろんのこと、トレーニングで刺激を与えた後にエネルギーを補給することもまた、同じくらい重要である。

カラダをデカくするために、俺はとにかく食いまくった。筋肉にはタンパク質が重要だと知り、朝から納豆三パックに生卵十個をたいらげることを続けた。

そんなある日、猛烈な腹痛が襲った。医者にはめったに行かない俺が、七転八倒の痛みに耐え兼ねて病院にかかると、医者は「いったい何を食べたんですか?」と聞いてきた。

俺は痛みをこらえ、額に脂汗をにじませながら、「な……な、納豆を三パック。それから……た、たた、卵ぉ、生卵を十個……」とその日の朝、口にしたものを列挙した。すると、その医者は呆れ顔でこう言った。

「急性胃腸炎ですね。そんなものを食べていたら、そりゃ急性胃腸炎にもなりますよ」

肉体こそ大きな変貌を遂げて随分とたくましくなっていたから、すっかり忘れていたが、俺は昔から胃腸が弱かった。カラダに似合わず俺の内臓はデリケートで、スーパーの揚げ物や惣菜類を口にしたり、チェーン店の食べ放題に行ったりした後は、決まって嫌なゲップが出始める。そしてしばらくすると猛烈な胸やけが始まり、これが数日は続く。内臓だけは相変わらず脆かったというわけだ。

(筋肉と同じように、胃腸も鍛えれば強くなるのだろうか?)

……そんな面倒なこと、俺に考える余地などない。たくさん食ってデカくなること、胃腸を鍛えることは早々に諦めて、トレーニングに集中することにした。筋肉は鍛えれば鍛えた分だけ大きくなる。栄養補給なんて、クソ食らえだ!


静岡県ボディビル選手権で優勝した俺はその年、クオリファイを獲得してブロック選手権(中部日本ボディビル選手権)に出場した。意気揚々と臨んだその大会の選手控室で、皆が洋服を脱ぎ始めると、次から次へとあらわになるカラダは、どれも想像を遥かに超えるものばかりだった。

(なんだ、コイツら⁉ こんなカラダになれるわけがない。優勝はおろか、予選通過もままならないぞ。何年かけたら、こんな筋肉になるんだよ……)

根拠のない自信も、アジアを制するという大きな野望も、大きな音を立てて崩れ落ちた。パンプアップを始める選手たちを尻目に、さっさと荷物をまとめて帰りたい衝動に駆られた。

結果は、当然ながら予選落ち。戦前からわかってはいたことだが、テンションはどん底まで落ちた。

それでも懲りずに、翌年も中部日本ボディビル選手権への準備を進めた。その頃になると、さすがに減量にも取り組むようになっていた。

とはいえ、ボディビル大会出場という大きな海原を進む唯一の羅針盤は、『月刊ボディビルディング』だけだ。この頃には減量を指南する本なんてなかった。どうしたらいいのか、右も左もわからない俺がたどり着いた答えは、実に単純明快だった。

体重を落として絞ればいいのなら、食べなけりゃいい。

今となってはバカ丸出し、考えなしの選択だ。ボディビルをやっていなくたって、もっとマシなダイエットができる。案の定、現実はそんなに甘く、単純なものじゃなかった。

この頃の俺は実家暮らしだった。両親は若い頃に離婚し、俺は親父に引き取られた。その親父も、俺が二十八歳のときに病気で他界している。親父はその後に再婚したから、継母も一緒に暮らしていたのだが、親父亡き後は俺が一家の長だった。

二度目の中部日本ボディビル選手権に向けた減量の最中、我が家に町内会の組長の役割が回ってきた。

「減量でそれどころじゃないから断る」なんて言い訳が、田舎町で許されるわけもない。俺は渋々その役回りを引き受け、減量と町内会の切り盛りを同時進行することになった。

俺流〝食べない減量〟が佳境に入った頃、町内のばあさんが亡くなった。田舎の葬式は町内会の協力が必須だから、葬儀を仕切るのに、組長の俺が引っ込んでいるわけにはいかない。

しかも、このときの俺はまだまだ食欲旺盛な年頃の上に、〝食べない減量〟のせいで余計に腹が減って仕方なかった。

葬儀が一段落して安心し、ふと室内に目を移すと、弔問客をもてなすための食事が用意されていた。そこには、料亭だか仕出し屋だかから持ち込まれたサバの味噌煮が並んでいた。食欲をそそるうまそうな匂いが俺の鼻孔をつく。

(これは俺の食いもんじゃない。俺は減量中なんだ!)

心の中で自分にそう言い聞かせた。そんな折に、近所のおばちゃんが声を掛けてくる。「組長、ごくろうさま。さ、これを食べて一息ついて」。

俺の口を突いて出たのは、「そんじゃあ、いただきます!」。なんで一言、「減量中ですから」と断れなかったのだろう。でも、こんなにうまいサバの味噌煮は初めてだ。心からそう思った。

「孝ちゃん、もう一つあがんなよ」

「ありがとうございます!」

ブチッ! 俺のなかで何かが弾けた。葬式を終えると俺はまっすぐ家に帰り、喪服を着替えてコンビニへと車を走らせた。

（菓子パンだ！　とにかく、菓子パンが食いたい！）

陳列棚に並ぶ菓子パンをしこたま買い込むと、駐車場に停めた車の中でむさぼり食った。

それからは、「食っては吐き、吐いては食う」の繰り返しだ。もうこれ以上食えないというところまで押し込んだら、トイレに駆け込み、舌の奥に指を突っ込んで全部吐きだす。そうすると腹が減るから、また菓子パンを喉元まで詰め込んだ。

それが三日間、いや、一週間近く続いただろうか。絞れてきていたカラダは見たこともないくらいにむくんだ。パンパンに膨れ上がった足首を指で押すと、指の跡がついたまま戻ってこないほどに。どうしよう……。俺、やっちまった。

（もう、や～めた！）

今年は大会に出場しない――そう思ったとたんに食欲は普通に戻り、むくみもあっさり取れた。

俺はこの一件で学習した。〝食べないダイエット〟は危険極まりない。こんな減量を続けていたら、また同じことが必ず起こる。早くちゃんとした減量法を確立しないと、ボディビルで成功する前に死んじまう。

人生は何事も経験。一九九三年、三十二歳の夏のことだった。

03

ひと回り年下の女神

俺が通っていた福代ジムに、顔を合わせれば必ず言葉を交わす古株の女性会員がいた。ある日、その女性が高校生の娘を伴ってジムへやって来た。なんでも、高校でバスケットボールをしていたのだが、ケガが原因で最近はめっきり運動不足だという。それで、ダイエットも兼ねてジムにでも通おうかと、見学に連れて来たらしい。

女性は自分の娘に、顔なじみになっていた俺を紹介した。

「真理子。この人ね、静岡県のボディビルチャンピオンなのよ！　すごいでしょ？」

細かくは覚えていないが、初めて真理子と交わしたのは「今度、中部日本っていうブロック大会に出るんですよ！」「そうなんですか！　頑張ってください！」といった、ごくありきたりな会話だったように思う。

真理子のジム通いは、それほど長くは続かなかった。高校三年生で卒業を間近に控えていた真理子は、春になったら歯科衛生士の専門学校へ通うため、神奈川県平塚市で一人暮らしを始めることになっていたからだ。

その頃の俺は親父から引き継いだ不動産の仕事をしていた。自営業で比較的自由が利いたこともあり、引っ越しを手伝うことになった。さすがに二人きりじゃない。真理子の母親も一緒に、藤枝と平塚を何度か往復した。

そもそも、俺と真理子は年齢がひと回りほど離れている。だから、お互いに異性として意識することはなかった。親元を離れて知らない町で新生活を始めるにあたり、引っ越しを手伝ってくれた頼りになるお兄さんと可愛い妹。せいぜいそのくらいの感覚だった。

それでも不思議なのが、男女の仲ってヤツなのだろうか。俺はそのうちに、藤枝と平塚を行き来する生活を送るようになっていた。もちろんジムにも通いながら。


ちょうどその頃、こんなことがあった。

俺は中部日本ボディビル選手権に向けて必死に減量しているときで、常時とにかく腹が減っていた。

俺はどうにかして腹を満たしたいがために、炊いた白米に水分を足して粥《かゆ》状にすることを思いついた。茶碗一杯の白米をお粥にすると、三杯分くらいにまで嵩《かさ》が膨れ上がる。我ながら画期的なアイデアだ。

さらに、低カロリーのキノコ類と糸こんにゃくをそこに加えた。そうすることで、腹の皮がはち切れんばかりに満腹感を味わうことができながら、摂取カロリーは限りなく低い。俺にしてみれば、〝食べないダイエット〟の裏をつく食事法だった。

ある日、学校が休みだった真理子が、藤枝の俺の家まで様子を見に来てくれた。俺の留守中に合鍵を使って勝手に上がり込んだ真理子は、俺の減量中の唯一の楽しみである、キノコ粥の食材を、全く別の方法で調理してしまった。

ボディビルの〝ボ〟の字も知らない十代のオンナノコのことだ。俺にうまい料理を振る舞おうと思って頑張ってくれたのだろう。可愛いじゃないか。

でも、時期が悪かった。

トレーニングで極限まで追い込み、文字通り腹と背中がくっつきそうなほどの空腹を我慢して、唯一の楽しみであるキノコ粥のことだけを考えながらまっすぐに家に戻ってみたら、それが全く別モノの料理に変身していたんだ。

「ふざけんなっ、この野郎！」

俺はブチ切れた。もしかしたら真理子を怒鳴ったのは、このときが初めてかもしれない。


そういえば、こんなこともあった。

中部日本ボディビル選手権での優勝を目指し、我流の〝食べないダイエット〟で必死に減量していたのだが、あるときを境に体重が全く落ちなくなった。

「こうなったら、走るしかないな」

そう思った俺は、日が暮れてから自宅近くをランニングすることにした。一日中トレーニングに励んで、腹が減り、足元もおぼつかない状態で、それでもどうにか歩を進めていると、曲がり角から急に誰かが飛び出してきた。真理子だ。

おどけた様子で「わっ！」と驚かせようとした真理子に、俺はまたカミナリを落とした。

「ばかやろう！　何が『わっ！』だ！　びっくりするだろうが！　こっちは必死こいてやってんのに、ふざけんな！」

後で聞くと、真理子はあまりに必死な俺の気持ちを少しでもほぐそうとしたらしい。でも、こっちはそれどころじゃないんだ。

それとも、年の差がひと回り違うっていうのは、こういうことなんだろうか？


物事には、その時々でいろいろな潮目というものがある。

結局、俺は町内の葬式で出されたサバの味噌煮をむさぼり食ったことでタガが外れ、減量に挫折し、その年の大会出場を取りやめてしまった。なぜここまで我慢しなければならないのかと、ボディビル自体に嫌気がさし始めているときでもあった。

真理子が専門学校の二年生になった頃、俺は一年のほとんどを真理子が一人暮らしをする平塚のアパートで過ごすようになっていた。あれほどのめり込んでいたはずのボディビルのことなどすっかり忘れ、ジムにも行かなくなった。いつの間にか、真理子にどっぷりと溺れていたんだ。

真理子にとって、二年間の平塚留学が終わりを告げようとしていたとき、真理子の両親は、俺たちがこれからどうするつもりなのかと問い詰めてきた。

至極当然のことだ。俺が逆の立場なら、同じことをしていただろう。

俺と真理子は、その頃には相思相愛の間柄にまで親密度を強くしていた。だが、ひと回りもの年齢差に加え、まだ若い真理子を心配する両親は、俺たちの関係をあまり快くは思っていなかった。真理子が説得を試みたものの、両親はそれを頑なに拒んだ。

結局、真理子は家を出る形で俺についていく道を選んでくれた。

今にして思えば、真理子のこの決断が、ボディビルダー・合戸孝二という人間をつくり上げたといっても過言ではない。なぜなら、真理子は今も昔も、俺のカラダづくりの構成要素に欠かせない、最も重要なピースの一つだからだ。

「体をデカくしたいなら、限界に挑むしかない」

04

自分の城を作り、決意の再出発

真理子が無事に専門学校を卒業した後、俺たちは平塚のアパートを引き払って、藤枝に戻った。そして、二人の生活の新たな一ページが幕を開けた。

一九九四年十二月三十日には入籍も済ませた。今にして思えば、年の瀬に慌てて入籍したようでカッコ悪くもあるが、中途半端な形で年を越すのが嫌だった。俺が三十三歳、真理子は弱冠二十一歳のときのことだ。

先にも話したように、俺たちの結婚は真理子の両親に受け入れてもらえなかった。俺の父親も既に他界していたから、結婚式を挙げるような雰囲気じゃなかった。

それでも新婚旅行には出かけた。この頃はボディビルから距離を置いていたが、行き先はボディビルのメッカ・アメリカ西海岸にした。ベニスのゴールドジムとワールドジムを巡り、土産のTシャツを買い込んだ。

ゴールドジムはとても大きくて度肝を抜かれたが、ちょっと機械的な感じがした。それに比べると、ワールドジムはアットホームな雰囲気で、英語がチンプンカンプンの俺たちにも温かく接してくれた。駐車場には、あのアーノルド・シュワルツェネッガー専用スペースがあり、歴史を感じさせた。

その後、パワーハウスジムへ行くと、そこでは写真撮影が行われていた。目の前にいたのは、当時オリンピアで連勝中だったレンダ・マーレイ。さすがはメッカと呼ばれるだけある。

しばらく遠巻きに撮影の様子を見ていると、休憩に入ったのか、雑談が始まったように見えた。すかさず真理子がカメラを片手に、精いっぱいのボディランゲージで「一緒に写真を撮ってほしい」とお願いすると、レンダ・マーレイはとても優しく応対してくれた。

楽しい新婚旅行も終わり、帰国した俺たちを待ち構えていたのは、「これから先、どうするのか」という現実だった。

俺は「もう一度鍛え直そう！」ということだけは心に決めていた。平塚に入り浸っている間、全くといっていいほどジムへ行かなかった。ボディビルのことも、頭から完全に抜け落ちていた。

ところが、生来脂肪ののりにくいカラダだったとはいえ、この頃の俺のカラダは、毎日のように鍛えて静岡県チャンピオンになった頃とは、明らかに別モノで、完全に鈍っていた。そんな自分のカラダの衰えぶりが、俺はどうしても許せなかった。だから、トレーニングを再開することは、俺にとってはごく自然な流れだった。

それと同時に、筋肉をデカくして最高のボディビルダーになり、アジアを制するという夢を再び抱くようになっていた。そして、そのために必要なことを常々考えていた。

最高に筋肉をデカくするために必要なことは何か？

俺の出した答えは「補助」だ。補助なしでは絶対にデカくなれない、そう確信していた。だから福代ジムに通っていた頃から、俺はジムのオーナーに補助についてもらっていた。

ところがある日、オーナーに「もう補助にはつけない」と言われてしまった。オーナーは腰痛もちだから、腰を曲げた状態でシャフトを引き上げる動作がキツかったのだ。

オーナーという立場上、俺だけの補助について、ほかの会員は放置するというわけにもいかない。全員の補助を引き受けるか、誰の補助にも手を出さないか。二者択一を迫られた末の結論だった。

それなら、地獄のハックスクワットのように会員同士で補助し合えばいいと思うかもしれないが、毎回必ず同じ時間にジムに来られる保証はないし、そもそもパートナートレーニングとは違う。自分自身のトレーニングは二の次で、人のトレーニングを全力で補助するという構図は、会員同士では成立しない。それに、田舎のジムの営業時間はたいてい昼過ぎからで、盆正月は休館となる。

自分の好きな時間にトレーニングができて、補助もつけたいのなら、選択肢は一つ。自分のジムを作るよりほかにない——俺はそう決めていた。

ひとまず、親父の建てた実家がどんな構造になっているのか、調べてみることにした。大きなハンマーで壁をぶち抜いてみると、あらわになった柱は、なんと鉄骨だった。

「なにしてるの、孝ちゃん?」

突如として家中に響きわたった音に驚いた真理子が、怪訝な顔でこちらを見ている。俺は言った。

「ジムを作るんだよ。真理ちゃんも手伝ってくれよな!」

世間知らずなのか、若さがそうさせるのか。不思議がることもなく、それがごく当たり前のことのように、真理子は「わかった」とうなずいてくれた。

それからが大変だった。すべての壁をぶち抜き、浴槽を外し、床を剥がした。積み上がった山のような瓦礫を、何度もトラックで運び出した。

それが済むと、今度は床張りだ。建設関係で働く幼馴染みから、建設作業が終わった夕方頃に生コンクリートの会社に行くと、余ってしまった生コン(通称・捨てコン)をタダで譲ってくれる、という有益な情報を得た。俺たちは建物の基礎づくりに使用する捨てコンをタダで入手しては、手でならした。

コンクリートを手で直接触れれば手が荒れるなどという知識が、真理子にあるわけがない。泥遊びよろしく、楽しそうに素手で基礎づくりを手伝う真理子の手は瞬く間にガサガサになり、俺は笑った(そのことを教えてやらない俺も俺だけど)。

こうして地道な作業を繰り返すことで、徐々に箱ができ上がっていった。

問題はマシン類だった。欲しいものを調べてみると、それだけで軽く一千万円はかかりそうな計算だ。平塚時代、生活のために少しずつ切り崩していた貯金は、新婚旅行へ行ったこともあり、その頃にはスッカラカン。やむにやまれず、親父から譲り受けた土地を担保に銀行から資金調達することにした。

それでもマシンを買うには足りない。そこで俺は「なら自分で作ればいい」と考えた。たまたま機械設計をしている友人がいたから、そいつにマシンのカタログを見せ、それを基に図面を描いてもらった。それを、また別の友達が働く鉄工所へと持ち込んで、成型してもらった。

でき上がってきたのは、とんでもなく背の高いレッグエクステンションマシン。

「こんなにシートの高いマシン、どうやって乗るんだよ⁉ 使い物にならねぇ！」と、もう一度鉄工所へ持って行き、不要な部分を切り落とした。そんなことを三～四回ほど繰り返して、どうにか使えそうなものができた。

ところが鉄工所では、鉄の切り足しは自在なのだが、シートを張ることができない。そこでこれもまた知り合いの自動車のパーツ屋から、車のシートに使うウレタンやレザーをもらい受け、真理子がこれを裁断して座面やパッドに張りつけていった。

一台のマシンが完成するまでには、何ヵ月という時間がかかった。しかもこの頃は、こうして朝から晩まで何かしらの作業をやり続け、それだけで一年間が過ぎた。

俺の城、初代マッスルハウスジムがオープンしたのは、一九九五年の暮れ近くのことだった。

「筋肉に効くこと＝大変なこと。
大変なことを妥協するな」

05

筋量は年平均三キロ増 鬼のダブルスプリット

藤枝市高岡に俺の城ともいうべきマッスルハウスジムが完成したことで、一九九六年の正月は俺にとって、記念すべき年の始まりとなった。

とはいえ、その船出は決してスムーズなものではなかった。

先にも話した通り、俺は、補助なしには絶対にデカくなれないと確信していた。しかしながら、マッスルハウスは俺が好きなようにトレーニングするために作ったジムだから、俺のほかにトレーニングをするヤツはいない。補助についてもらうなら、真理子のほかにいなかった。

ところが、彼女はトレーニングに関して、ズブの素人だ。ジムが完成した当初は、補助をつけずに一人でトレーニングしていた。

その一方で、俺のトレーニングの補助は、いつか真理子にお願いしようと考えていた。そしてある日、俺は行動に出た。

トレーニングを終えて、ジムの奥にある俺たちの居住部分に戻ると、真理子の前で俺はひとりごちた。

「一人でトレーニングするの、寂しいなぁ」

優しい真理子のことだ。俺のつぶやきに「そっか。じゃあ同じ空間にいてあげよう」という思いやりがビビッと発動したのだろう。翌日から俺がトレーニングをしていると、ジムに顔を出すようになった。

セットを終えると、俺は次のセットのために休む間もなく、息を弾ませながらプレートを着脱する。疲弊した俺の姿を見て、真理子の思いやりが再び発動した。「こっち、やろうか」と手伝い始めたのだ。

トレーニング中は静かに俺の様子を眺めているが、真理子は俺が何をやっているのか、どこを鍛えているのかもわからない。すると、真理子はメモを取り始めた。

「孝ちゃん、これはなんていうトレーニング？　どこが鍛えられるの？」

種目の名前を書きとめ、さらには使用した重量や回数も書き込んでいく。あっという間にトレーニングログができ上がった。いい流れだ。俺は次の一手を打った。

「真理ちゃん。これさ、四発目が挙がるかどうかわかんねぇんだ。挙がりそうになかったら、ちょっとだけ手を貸してよ」

まだまだぎこちない感じではあったけど、こうして俺たち最強タッグは誕生した。

補助をつけたトレーニングに加えてもう一つ、新たな試みを実行に移した。構想を温め続けていた「ダブルスプリット」を開始したのだ。

俺のバイブルである『月刊ボディビルディング』には、海外の選手は誰もがダブルスプリットでカラダを大きくしているという記事があった。俺は、やるからにはダブルスプリットしかないと考えた。

ダブルスプリットとは、一日に二回トレーニングをすることを指す。スポーツでいう二部練みたいなものと思ってもらえばいい。問題はどうメニューを組んでいくか、だ。

ある記事に、背中のトレーニングをした後は肩甲骨周辺がほぐれて、胸のトレーニングをするのに、非常にいい状態になるとあった。

俺は手始めにそれを試してみた。午前中に背中を追い込んだ後、午後からは胸をいじめたんだ。するとどうだろう。胸トレの最初の種目であるベンチプレスで、アップの六十キロが嘘のように軽い。

(おぉ……こりゃすげぇ!)

それが、ダブルスプリットを始めたときの最初の感覚だった。

俺はこの頃、既にボディビルが職業といえるまでに昇華されていたから、大げさでもなんでもなく朝から晩まで、一日のすべての時間をトレーニングに費やしていた。

朝五時に起きてトレーニングの準備をし、六時に開始する。十時頃まで四時間みっちりトレーニングして汗を流したら、その後、減量期には屋外で日焼け。太陽がガンガン照りつける炎天下で、銀色のアルミシートを敷いたデッキチェアに座り、朝食と昼食を兼ねた食事をとる。

その食事内容は、いたってシンプルな和食膳だ。ご飯に味噌汁、焼き魚。納豆は一パックだけ。胃腸炎で病院に駆け込むのは、もうこりごりだから、無理な食事は一切しなかった。

その頃には、プロテインも飲んでいた。ただ、当時のプロテインは非常に高価で、俺にとっては高嶺の花みたいなもんだった。

そのため、プロテインの代わりに目をつけたのが粉ミルクだ。

我ながら素晴らしいアイデアだと今も思う。店でありとあらゆる粉ミルクの成分表示を見比べ、最も脂質の含有量が少ない商品を選び、愛飲した。

日焼けを終えると十四時から十八時頃まで、その日二度目のトレーニングを行った。合計八時間、一日の三分の一はトレーニングに明け暮れていた計算になる。

ジムに行かなくなった後、再開を決意して自らの手でジムを作り、そしてトレーニングを再開するまでには、丸二年のブランクがあった。トレーニングを再開する頃の体重は、初めてフィットネスクラブに通い始めたときと同じ六十キロに戻っていた。それがダブルスプリットを行うようになり、除脂肪体重は年間平均三キロのペースで増えていった。

ダブルスプリットを行っていた頃は、ただ一日に二回トレーニングするだけでなく、真理子に補助してもらいながら、常に限界まで重量を増やしていくことに精を出した。

今も行っているネガティブワークに負荷をかける方法はもちろん、ドロップセットもスーパーセットも取り入れた。とにかく、ありとあらゆることを試す毎日だった。

例えば、ベンチプレスならこんな感じだ。

まずは六十キロのアップからスタートすることで、筋肉や関節を温める。そして、一発だけ挙げられるMAX重量に到達したら、そこからはドロップセットを行うために、一番外側に十キロのプレートをつけてセットする。

本番の一セット目は、一発だけ自力で挙げたら、その後は三回、真理子に補助してもらいながら挙げる。いわゆるフォーストレップスというヤツだ。

その後、十キロプレートを外し、合計二十キロ落とした状態で、間髪入れずに再開する。ここでは自力で挙げられる限界回数を狙う。まぁ、たいていは二〜三発くらいだろう。そして、やはり補助が入った状態で三回挙げて一セットが終了。次のセットは、設定重量を五キロ（二・五キロプレート×二枚）落としてスタートする。

一セット目のMAX重量から百キロになるまで、五キロ刻みで落としていくことを延々と繰り返すのが、俺の編み出した方法だ。

胸ならベンチプレスから始まって、インクラインベンチプレス、ダンベルフライ、ディップスと進んでいく。種目数は決して多くないし、一分間のインターバルを厳守してもトータルで四時間はかかった。

この頃は、胸の日が回ってくるたびに使用重量が上がっていった。ダブルスプリットで全身をまんべんなく鍛えるのに、五日で一周するサイクルを忠実に守っていた。すなわち、五日おきに胸が回ってくることになるわけだが、毎回二・五キロ程度ではあるものの、扱う重量は面白いように増えた。

その結果、ベンチプレスのMAXを一年間で三十キロ近く伸ばすことに成功した。

二十歳の頃、不純な動機でフィットネスクラブに通いだした頃は、六十キロ程度のベンチプレスしか挙げられなかった男が、本格的にトレーニングに打ち込むようになると、百四十キロを挙げられるようになった。俺はそれでも満足していたけれど、ダブルスプリットで追い込むことによって、MAXはさらに百八十キロまで伸びた。


俺は常に「どうすれば筋肉が大きくなるか」を考えている。

例えばベンチプレスをするときには、とにかく大胸筋に最大限の刺激を与えたい。そのためにはどうすればいいか、と考える。

ヒジを張って、上腕三頭筋よりも大胸筋にダイレクトに効くように心がけるのも、その一つだが、これは当たり前といえば当たり前のことだ。

そこで思いついたのが、背中に半円形のパッドを敷いて、胸郭を張った状態に保つこと。これはかなり有効だった。

楽に重量を挙げようと考えたら、パッドなんて使わないほうが簡単だ。だけど俺は、筋肉にとってキツい方法とは何か、最高に苦しい方法はどれかを考える。

筋肉を最大限に発達させるためは、筋肉に最大限の刺激を与えることが必要だ。そのためには、筋肉に最高の負荷をかけてやることが一番の近道。俺はそう信じている。

だから、昨日も今日も明日も、明けても暮れても、どうすれば一番キツくなるのかを考えている。

ネガティブワークに負荷をかけるのもそうだ。筋肉が悲鳴を上げることに、得も言われぬ快感がある。

あるとき、俺と一緒にトレーニングをするという雑誌の企画があって、今はＩＦＢＢプロディビジョンで活躍する山岸秀匡《ひでただ》君と一緒に、俺が普段行う胸のトレーニングをしたことがあった。

そのときに彼が、「確かに胸には絶大な効果があるけど、上腕三頭筋がパンパンになってできない」とこぼした。「合戸さんって、パンプしてからじゃないと（重量が）挙がっていかないんですね」とも。

確かにその通りで、俺はパンプしないと力が出ない。パンプして、大胸筋も上腕三頭筋もパンパンになってからが、俺にとっては勝負なんだ。

山岸君は、こんなことも言っていた。

「これをやれば、確実に胸は発達するでしょうね。でも無理。一回だけならできるかもしれないけど、これを毎回、しかも五日サイクルでやるなんて、狂ってますよ……」

俺は、五日サイクルで回すこのダブルスプリットで、ボディビル漬けの生活を送り、九六年八月十八日に、四年ぶりに中部日本ボディビル選手権に出場した。それまで、予選落ちばかりしていた大会で、俺はいきなり優勝した。

マッスルハウスジムは自分のトレーニングのために作ったのだが、仕事もせずに貯金も使い果たしてしまった俺たちに、生活費を与えてくれるものとなった。

ジムを作り始めている頃から、「ここは何ができるの？」と近所の人が顔をのぞかせることがよくあった。「ジムになるんだよ」と言うと、「じゃあ、でき上がったら会員になるよ」と、オープン前から会員候補が現れたのだ。

俺は基本的に一日中トレーニングしていたが、空いている時間があれば、会員のトレーニングを見ることもあった。

するとどうだろう、「使用重量が増える」だの「カラダが変わった！」だのと、トレーニングの成果を実感する会員が続出し、俺はトレーニングを指導する立場でも引っ張りだこになった。噂が噂を呼び、会員も増えていった。

うれしいといえばうれしいのだが、そうこうするうちに俺自身のトレーニングにまで支障を来し始めてしまった。（これ以上は増やせんな……）俺はふと、そう思った。

06

ボディビルか健康か——究極の決断に悔いなし

一九九五年の暮れにマッスルハウスジムをオープンし、ダブルスプリットに取り組むようになってからわずか半年で、俺は中部日本ボディビル選手権を制したが、日本ボディビル連盟（当時）が主催する全国規模の大会の一つ、ジャパンオープンは予選落ちだった。

俺のカラダは、全国ではまだまだ目立たないらしい。

けれど、そのことを特段気にはしなかった。なぜなら、俺のカラダは確実に毎日デカくなっている、そんな実感があったからだ。

一九九七年には、俺の最大にして唯一の目標であるアジア選手権優勝を果たすため、選考会を兼ねている日本クラス別選手権に出場した。ところが、六十五キロ以下級に出場し、結果は六位だった。さらに、ジャパンオープンにいたっては二年連続で予選落ちの苦汁をなめた。

それでも、俺には結果を嘆いている暇などなかった。今日も明日も、ダブルスプリットでカラダを変えていかなければならない。

事実、俺のカラダは徐々に重くなっていた。そして、体重の変化はパワーにも表れた。そうした変化の一つ一つが、俺にカラダの成長を確信させるに十分な根拠となった。

ダブルスプリットを継続して三年目の一九九八年。三十七歳のときに、日本クラス別選手権の七十キロ以下級で二位に入り、念願だったアジア選手権への切符を手にした。

毎年予選落ちしていたジャパンオープンでも、四位になった。この頃には、仕上がり体重で六十七キロはあった。

夢にまで見た念願のアジア選手権。この年は八月に、ベトナム・ホーチミンで開催された。

絶好のコンディションで乗り込んだ俺は、自分でも手応えをつかんでいた。下から順位が発表されるポーズダウンでも最後まで残ったものの、結局紙一重で優勝を逃してしまった。

自分が客席からどう見えるのか、実際のところはよくわからない。けど、真理子に言わせると「これはいける！」という感じだったらしい。

いずれにせよ、初めて出場したアジア選手権で二位の評価が得られたことは、素直にうれしかった。何より、優勝が手の届くところにあるという実感を与えてくれた。

その年の秋には、日本ボディビル選手権（以下、全日本）にも初めて出場した。俺にとっては、アジア選手権優勝が最優先事項で、正直にいうと全日本はどうでもよかったし、出るつもりもなかった。

ところが、アジア選手権に同行していた役員から「合戸君はどうして全日本に出ないの？　出なきゃダメだよ」と言われたことから、「そんなもんなのかなぁ……」と、渋々出てみることにした。

全日本では、ピックアップ審査を通過した十二名が決勝に進み、一人ずつポージングを披露する機会が与えられるのだが、俺は十三位で予選落ちだった。

俺は痛感した。アジアで二位になったくらいじゃダメだ。国内ではまだまだ無名なんだ――と。

全日本の結果を受け、俺は俄然やる気に火がついた。五日で回すダブルスプリットを一日も欠かさず、オフもとらずに一年間きっちりやり切った。盆も、正月も、ゴールデンウイークもない。朝六時から日が暮れるまで、まさにボディビル一色の一年だった。

そのかいあって、オフには体重が八十キロに膨れ上がった。減量後のコンテストコンディションで七十キロがキープできるまでに成長した。そして、リベンジを果たすために臨んだ一九九九年の全日本で、四位入賞を果たした俺は、世界選手権への出場を決めた。

決戦の地は、行われたのはスロバキア・ブラチスラバ。俺は七十キロ以下級で四位に入賞した。

しかし、俺はそのために、「ある代価」を支払わなければならなかった。

全日本が終了した後、俺は世界選手権に出場するため、でき得る限りのトレーニングを遂行した。減量にも一切手を抜くことはなかった。

減量に関しては、大会に出場し始めた頃の手痛い経験から学習し、出場回数を重ねるごとに改良を続けた結果、この頃には自分のカラダに合ったノウハウが確立されていた。

スロバキアへの出発が近づいたある日、左目の視界に小さな黒い点があることに気づいた。トレーニングや減量の追い込みに必死だった俺は、鬱陶しいと感じたものの、それを放置してしまった。

スロバキアに到着すると、いったんホテルにチェックインし、まずは検量に向かう。無事にパスした後はカラダをしっかりと休め、大会当日に最高のパンプを得るため、これまでは制限していたカーボ（炭水化物）を摂取しなくてはならない。

ところが、同室になった選手のイビキがものすごくて、俺は一睡もできなかった。全くリラックスできないまま、試合当日を迎えることになってしまったのだ。とはいえ、「不可抗力とはこういうことをいうのかな」と諦めるよりほかになかった。

先述の通り、その大会で俺は四位に入った。ただ、決して万全のコンディションで臨めなかったことが尾を引いたのか、初めてアジア選手権で二位になったときのような感慨深さはなかった。「まぁ、こんなものか」という程度だった。

ホテルの部屋に戻ると、どうも左目の様子がおかしい。昔、まだテレビがアナログだった時代に、放送時間が終了すると画面に現れた「砂嵐」が眼前を塞いでいる。右目を手のひらで覆ってみると、案の定、何も見えない。

この期に及んで俺は「疲れ目だろう」、そう思った。


四位入賞のトロフィーを片手に帰国すると、成田空港には真理子が車で迎えに来てくれていた。

「ちょっと目が疲れているみたいなんだよ。薬局へ寄ってくれる？」

相変わらず砂嵐は消えていなかったが、目薬をさして少し休めば、そのうち見えるようになるだろうと呑気に構えていた。

ところが、二〜三日様子を見ても、一向に見えるようになる気配がない。さすがにおかしいと思った俺は、自宅から車で四十五分ほどのところにある、やなぎだ眼科医院へ行くことにした。柳田和夫院長は県下有数の眼科医だ。きっとこの砂嵐を消してくれるだろう。

ところが、ひと通りの検査と診察を終えた後、柳田院長は「眼底出血しているから、今すぐに治療しなければならない」と言った。そして、治療にはステロイドの投与が必須だ、と。

ボディビルの世界でステロイドといえば、筋肉増強剤として使用されるアナボリックステロイドが真っ先に思い浮かぶだろう。日本での違反者は少ないようだが、ドーピング検査で度々検出される禁止物質の一つだ。

俺はナチュラルで鍛え上げたボディビルダーで、ステロイドユーザーではない。それは自分が一番よく知っている。ここまでの筋肉をつくり上げるのに、ありとあらゆることに挑み、筋肉をいじめ抜いた。それを知らない連中は、影でこそこそと話をする。「合戸は〝使っている〟」、俺の耳にもそうした根も葉もない噂が漏れ伝わってくることは、昔も今もよくある。

だからこそ余計に、ドーピングチェックで陽性反応が出ることは絶対にあってはならない。それがたとえ治療のためであっても、だ。

「ステロイドを投与しないと治療できないのなら、俺は治療しません」

柳田院長は驚いていたが、俺が事情を話すと納得してくれた。その上で、「少なくともレーザーで出血している部分を焼かないと、本当に見えなくなってしまうから」と、レーザー治療だけでも受けるように進言してくれた。

実はこの頃、俺と真理子は一時的に借家住まいをしていた。一九九五年の暮れに完成させたマッスルハウスジム兼自宅の建物と土地を売却し、藤枝市末広に現在の二代目ジムを建てることにしたからだ。

俺の実家を改築した形の初代マッスルハウスジムは、庭を潰して駐車スペースにしていたが、これがとにかく狭かった。かろうじて四台は停められたものの、最初に車を入れてしまったら最後、帰るときには後から来た人が車を移動させなければ出られない有り様だった。これじゃあ、会員に迷惑がかかってしまう。加えて、ジム自体に手狭感を覚えていたこともあり、もう少し広くすることに決めた。

今のジムの場所にはもともと大工の作業小屋があり、それを広げ、かつ二階建てに増築することとなった。そのため、新たにジムを建てている間は借家で暮らし、トレーニングをするときだけは、マシンを移した増築中の二代目ジムに通った。大工が作業するそばで、俺は重りを担いでいたってわけだ。


家に帰ると、真理子は台所で夕飯の支度をしていた。

「孝ちゃん、おかえり。どうだった?」

「……」

「孝ちゃん、泣いてるの……?」

「俺の目さ、見えなくなっちゃうかもしれないんだって」

それ以上、言葉を交わすことはなかった。俺は急に現実を突きつけられたかのように、頭の中が真っ白になってしまった。

翌日から、レーザー治療を受けるために通院を始めた。

その治療とは、眼球に麻酔を打って、レーザーで眼底の出血部分を焼いていくのだが、レーザーを打つ瞬間に、「バチン! バチン!」とこめかみを激痛が駆け抜けていく。俺はどんなに厳しいトレーニングも筋肉の痛みにも耐えられるが、この治療はちょっと勝手が違った。

しかもこの治療を行えば、視力が〇・〇一くらいは保てるというのだ。

(ちょっと待ってくれよ! たった〇・〇一? そのために俺は、これほどの激痛を我慢しなければいけないのか?)

しかも柳田院長は、眼圧が上がるから治療期間中はトレーニングをしないように言ってきた。

俺はトレーニングを休むのが嫌いだ。サイクルにあらかじめ含まれているオフは、休まないと筋肉が回復しないからきちんと休む。これもトレーニングの一環だからだ。一方、トレーニングするはずの日に休むと、それだけ間が空き、挙がるはずの重量が挙がらなくなる。

俺は院長の言いつけを無視して、治療中にもかかわらずトレーニングを再開した。すると、ベンチプレスをしているときに、白黒の砂嵐しか見えないはずの左目に、サーッとオレンジ色の光が流れる。そう、出血しているのがわかるんだ。

次の日に眼科へ行くと、「出血していますね……」と言いながら、院長が俺に疑いの目を向ける。「こりゃ、バレてるな」と思ったけど、これればかりは致し方ない。院長、だって俺はボディビルダーなんだよ。トレーニングしなきゃならないんだ。

そして、俺は決断した。

ステロイドを使わないと治療はできない。出血を止めるレーザー治療には堪え難い痛みがつきものだし、その上、トレーニングはやるなという。仮に、治療の痛みやトレーニングを我慢したところで、確保できる視力は〇・〇一かそこらなのだ。

（や〜めた）

いいんだ。左目が見えなくなったとしても、右目があるじゃないか。左目なんて、くれてやる。

「ボディビルを中断して、少しでも左目の視力を確保する」という選択肢を突っぱねて、俺はボディビル続行の道を選んだ。

結局、レーザー治療には三日間ほど通っただけで、それ以降はこれまで通り、トレーニング三昧の日々に戻った。そして俺の左目は、二度と映像を結ぶことができなくなった。


今にして思えば、初めての世界選手権を目前に控えた時期の減量にも、かなり無理があった。出発直前から水分摂取を極限まで制限した。

長時間のフライトで気圧の変化があったのも、原因の一つかもしれない。でも、国際試合だったのだから仕方ない。

前述の通り、この年は一年間、一日も休まずに超高重量と対峙しながら、ダブルスプリットで五日間のサイクルを回し続けた。そのストレスが俺のカラダを、そして左目を襲ったのかもしれない。

ハッキリとした原因は結局わからないままだが、俺の左目は眼底出血を起こし、治療を拒んだことで視力を失った。それがすべてだ。

俺は、視力を失ったことを長いこと公にはしなかった。特に人に知ってもらうことでもないし、俺自身と真理子が理解していれば十分だった。

ちなみに、これには後日談がある。

禁止物質や禁止方法であっても、所定の手続きをすることによってＴＵＥ（治療使用特例）が認められれば、ステロイドでも例外的に使用できたのだ。そもそも、ステロイドにもさまざまあり、目の治療に使うのは筋肉増強剤ではないから、例外的に使用を認めてもらう必要もなかったのかもしれない。

しかし、治療を続けていれば、あの恐ろしい痛みを伴うレーザー治療を受けなくてはならなかったし、治療したところで確保される視力は〇・〇一程度のものだ。

それに俺はトレーニングを休みたくなかったから、どっちにしたって院長の言うことは聞いていなかっただろう。

治療を受けないという俺の判断は正しかった――今でも、俺はそう思っている。

07

七年目の結実と審査基準に対する葛藤

二〇〇五年、俺は遂に日本ボディビル最高峰の戦いである、全日本で優勝した。

気持ち的には「アジアを獲ればもれなくついてくる」はずの日本一のタイトルだったが、俺はある理由から、二〇〇三年を最後にアジア選手権に出場することをやめていた。時同じくして、全日本では三度ほど二位につけたこともあって（二〇〇〇・二〇〇二・二〇〇四年）、この頃には全日本をとりたいという気持ちに切り替わっていた。

二〇〇五年は、二〇〇〇年から四連覇中である田代誠君の調子があまりよくなく、出場を辞退するのではないかという噂がまことしやかに囁かれていた。

現役チャンピオンが出場しない大会で優勝したところで、何ひとつ面白くないし、勝ったという感動もない。だから俺は、その噂を耳にして正直ガッカリしていた。田代君が出ないなら、俺も出場するのをやめようかと本気で思ったほどだ。

「田代さんが出ないなら、優勝は合戸さんでしょ」。そんな周囲の声も正直嫌だった。そんなのは、ただの繰り上げ優勝であって、俺が努力して勝ったのとは訳が違う。

ところが当日、田代君は出場した。噂通り、調子は決していいとは言えなかったけれど、それでも出てくれた。俺はそれがうれしかった。きっと俺の想いを理解してくれた部分が少なからずあったと思う。

二人が残ったポーズダウン。二位のコールで田代君の名前が呼ばれ、俺の優勝が決まった瞬間、俺は自然と両手の人さし指を天に突き上げていた。俺が表彰台に立つと、田代君は笑顔でスッと手を差し出してくれ、自然に握手を交わすことができた。

三十七歳で初参戦して七年。四十四歳での初優勝、日本一だった。

とはいうものの、俺は日本一になるために、この年の取り組みを何か変えたわけではない。それは今もそうだが、俺のやることはいつだって一緒だ。

その後、俺は二〇〇七〜二〇〇九年に三連覇しているが、初優勝した翌年は連覇への期待もむなしく、二位に甘んじてしまった。

この年、俺は七月の日本クラス別選手権で七十五キロ以下級に出場し、須江正尋君の後塵を拝してしまったことで、十二月にカタール・ドーハで開催されたアジア競技大会への出場を取りこぼしていた。

そのこともあって、俺は十月の全日本は須江君より上にいくことを目標に取り組んでいた。そしたら、谷野義弘君という刺客がいたんだ。

でも、「来年は再びチャンピオンになってやるぞ!」という思いは不思議と湧き出てこなかった。俺のやるべきことは何も変わらない。自分のトレーニングを一年間やり通すことができれば、おのずと結果はついてくる――それしか考えていなかったから。

いつも通り、ただそれだけだ。

その思いはボディビルを始めた当時から変わらない。俺のなかにあるのは常に、トレーニングを完遂することと挙上重量を伸ばすこと。若い頃は特に、前回より重い重量を挙げることが俺のすべてだったといっても過言ではない。トレーニングの過程にあるものが大会なんだ。

ただ、全日本で初優勝したときよりも、復活を果たした二〇〇七年の二度目の優勝のときのほうが、実はうれしかったし、強く印象に残っている。

手前味噌だが、この年のカラダは本当にすごかったし、このときは一年間トレーニングをやり切ったという実感があった。

そういう意味ではやはり、俺にとっては自分のトレーニングをやり切ったかどうかがすべてだ。それがあった上で結果が伴うから、感動もする。

二〇〇三年のアジア選手権以降、俺は出場をやめたと言った。

それは、あまりにもあからさまに政治的な力が働いていたからだ。俺はアジア選手権で、毎回必ずといっていいほど同じヤツに負けた。

最初に出場して二位に入ったベトナム・ホーチミンでの戦い（一九九八年）のときも、観客席で見ていた人から「合戸さんが勝っていたよ」と声を掛けられたが、それが決してお世辞でも慰めの言葉でもないことは、アジアナンバーワンになるべく試行錯誤するうち、次第に理解できるようになった。

どんなに厳しいトレーニングを積んでも、最高のコンディションで当日を迎えたとしても、最終的に判断を下すのは目の前にいる審査員だ。自分ではどうにもできない。

俺は、同じ選手に負け続けることに嫌気がさしたというよりは、そのシステム自体に愛想を尽かし、戦いの場をアジアから世界へと変更することにした。「君のカラダはアジア向きじゃない。世界（ユニバース）に行け」。当時のアジアボディビル連盟の会長にそう言われたことも、アジアに見切りをつける大きな要因になっていた。

確かに、俺のカラダは世界選手権でウケがよく、一桁の順位に食い込むことも多かった。二〇一〇年（アゼルバイジャン・バクー）は六位に、二〇十一年（インド・ムンバイ）には五位につけた。

いったんは出場を見合わせるようになったアジア選手権にも、政治的なしがらみがなくなったことを受けて、二〇十一年に再び出場した。モンゴル・ウランバートルで開催されたその大会で、俺は優勝した。

アジアナンバーワンになれたことはうれしかったが、気持ちは既に世界選手権で結果を残すほうへと向いていたし、アジアを獲ると意気込んでいたときに比べれば、幾分気持ちは冷めていた。

ただ、きちんと見てもらえさえすれば、俺は優勝できる――そう思った。表彰式で聞いた「君が代」には感動した。異国の地、完全アウェーの場で聞く国歌は、俺の長年の苦労、そして審査基準や政治的な戦いなどといった、さまざまな心の葛藤をきれいさっぱり流してくれた。

しかし薬物排除の機運が高まり、審査基準はドラッグユーザーと見まがうカラダつき、すなわち突出した筋肉の発達を好まない方向へと舵が切られた。

するとどうだろう。俺は、二〇十二年の世界選手権（エクアドル・グアヤキル）で九位に後退すると、モロッコで行われた翌年の大会では予選落ち（十五位）という不甲斐ない結果に終わった。

俺はトレーニングの考え方も調整の方法も、何ひとつ変えていない。審査する基準が変わってしまっただけだ。しかしその結果、入賞すら難しい状況へと追い込まれた。

ここには、新しい基準である全身のプロポーション重視、さらにその背景には、禁止薬物を使用することで突出した筋肉を有するような選手を排除していこうとする裏事情が垣間見える。

いっておくが、俺はナチュラルだ。最大限の努力で、このカラダをつくり上げた。日本ボディビル連盟（当時）が独自に、抜き打ちでドーピング検査を実施していた頃は、招集がかかると選手が連盟に赴いて検査を受ける方式だった。普通ならあり得ないが、俺は二年連続で検査対象者に選ばれた。けれども、やましいことは何もないから、交通費を出してもらって東京へ行けることをむしろ喜んだ。連盟へ出向いて検査を終えると、真理子と二人で横浜中華街へ行って食事を楽しんだものだ。

今までは、「合戸は使っている」と言われることが、それほどのカラダをつくり上げたのだという賛辞に聞こえていた部分が、俺自身にも少なからずあった。

それなのに、日本ボディビル・フィットネス連盟が加盟する日本アンチ・ドーピング機構（ＪＡＤＡ）のように、厳しいチェックを実施して「真の使用者を排除する」という方策をとらずに、見た目だけで判断して順位を落とすなんて、本当に勘弁してほしい。


事実、現在のボディビル界全体の潮流として、筋肉の大きさを追求しなくなってきていることを俺は肌で感じている。世界的な流れがそうなっているんだ。

本音をいえば、かつてそうだったように「誰が見てもボディビルダー」ってカラダを基準に据えてほしい。そう切に願っている。プロポーションがよければ勝てるなら、腕だけを比べてみたときに、今はボディビルダーよりも体操競技選手のほうがよっぽどいい腕をしている。そんなのはボディビルダーじゃない。

パッと見て「この人は体操選手？　それとも陸上選手か？」というような曖昧なカラダつきじゃなく、「あなたは間違いなくボディビルダーですよね」ってカラダを目指すべきだと、俺は思う。

ボディビル競技に「大きな筋肉はもう必要ない。これからはプロポーションが第一だよ」となったら、ボディビルの面白みは失われる。驚くような筋肉を携えていなければ、会場に足を運んでくれるお客さんもいなくなるだろうし、何より選手の個性が死ぬ。

昔は、選手一人一人に個性があった。ところが今は、みんな同じようなカラダをしている。それこそプロポーションが重視されている何よりの証拠だ。

ドーピングの問題があるから、それを突き詰めていけば今のような傾向になるのかもしれないが、「個性的＝突出して発達した筋肉を有している」という、俺にとっては一番魅力的なカラダの持ち主が排除されてしまうのは、はっきりいって悲しい。

そもそも、見る側もそういう規格外の選手が出てくることを期待しているのではないかと、俺は思っている。「なんだ、こいつ⁉」と見る者の度胆を抜くようなカラダを、禁止薬物に手を染めることなく、ナチュラルで生み出すこと。これが俺にとっての至上命題である。

プロポーションがいいだけのカラダなら、ジムに行けばいつだって見られる。だからやっぱり、俺にとっては「なんじゃこりゃ⁉」っていうのがボディビルなんだ。

この様子だとそのうち、「トレーニングをちょこっとかじっています」というような人が、メンズフィジークやクラシックボディビルで好成績を残す……なんてことが本当に起こるだろう。メンズフィジークやクラシックボディビルで勝つことを目標に日々トレーニングに励む選手が、ほかの競技に取り組む傍らでトライするような人に負けてしまう事態が起こり得るんだ。

そんなことが起こったら、ボディビルは終わる。

「ボディビルのカラダ」というのは、元来ボディビルダーにしかつくれないもののはずだ。日本ならば、その最も根本にある「筋肉のデカさ」をナチュラルで、つまり禁止薬物に頼ることなくつくり上げる。ところが世界へ出ると、禁止薬物の使用者が多い。俺たち日本人は、その多くが切磋琢磨してナチュラルでカラダづくりに努めているというのに、なぜ世界へ出るとドラッグユーザーと比べられなければならないのか？　そこが一番の問題だと、俺は世界で戦うなかで痛感している。

とはいえ、世界レベルで見たらドラッグユーザーのほうが圧倒的に多いのが事実だ。俺たち日本人は、どうしてもそこに巻き込まれる運命にある。

だが、マレーシアの世界選手権で俺の気持ちを百八十度変えた出来事がある。やはり周囲は疑惑満点の海外選手ばかりで、俺は一緒に派遣された選手にこぼした。「これじゃあ、勝てるわけがないよ。ドーピング検査を徹底したらいいんだ」と。

賛同するものとばかり思っていた相手の返答は、予想とは違うものだった。

「ナチュラルであれに勝てるカラダをつくればいいんじゃないですかね？」

目からウロコだった。そうか！　その通りだ。ナチュラルであいつらに負けないカラダをつくってみせる。俺は、勝てるわけがないと決めつける考えを、このときに捨てた。

08

狂気の男を支える数々のアイテム

最高重量を追い求めるトレーニングに、ケガはつきものだ。俺もこれまでに数々のケガを負った。

俺たちボディビルダーが相手にしているのは、鉄の塊だ。格闘家やボクサーのように、散々打撃を受けてパンチドランカーになるようなことや、変にひねられたり予測のつかない動きをされたりすることは、まずない。そうした対戦形式のスポーツに比べれば、ボディビルは比較的安全なスポーツだろう。

危険なのは重量を扱うときの、それに向かう気持ちがどうか。要は、自分自身の精神力との戦いだ。

それでもカラダは正直で、それなりにガタがきているのも事実だ。

あるときは腰が〝いっちゃった〟こともある。厳密にいえば違うのだが、骨盤がずれて開いたんだ。それは坐骨神経にも悪さをし、アキレス腱の切れそうな痛みが二十四時間、一ヵ月ほど続いた。

まぁ、セーフティースクワットで三百四十五キロも担いでいれば、そんなことも起こるのかもしれない。

トレーニングはおろか、歩くこともままならなくて、さすがにそのときは、「俺ももう終わりかな」って思ったよ。でも、今もお世話になっている治療家を紹介され、歪みを矯正してもらうと、その日のうちに歩けるようになった。

それよりも症状は比較的軽かったが、ぎっくり腰になったこともある。二百七十キロくらいでデッドリフトをやっていたときのことだ。十発狙いの七発目だった。頭のてっぺんから〝ゴグッ!〟って音がした。ラックの出し入れをする真理子にもその音が聞こえたらしい。

普通なら、その場で二百七十キロの重りを即座に手放すだろう。でも俺は腰の激痛に耐えながら、残りの三発を引き切った。なぜかって？　七発目でやめたら、そのセットはノーカウントになってしまうからだ。

結局そのセットは十発やり切ったが、案の定、その後は動けなかった。

デッドリフトといえば、かつては革のトレーニングベルトをしていたのだが、ベルトのエッジの硬い部分が肋骨に食い込んで、剥離骨折したこともあった。医者へ行ったら「トレーニングは休むように」と言われたけど、俺は翌日からトレーニングを再開し、デッドリフトももちろんやった。

俺は、そこに障害や困難があると余計に燃えるタイプだ。いつもよりさらに気合いが入ってしまう。それに、トレーニングを休むこと自体が嫌いだから、クッションを挟んでみたり、パッドを当ててみたりして、どうにか継続を試みる。「また始まった……」と苦笑いの真理子も、小一時間がたつ頃には呆れ顔に変わり、「今日はもう休んだら?」とさじを投げる始末だ。

ヒジも骨棘がいたずらをするため、今は上腕三頭筋のトレーニングがほとんどできない。

二年ほど前には、自分のトレーニングではなく指導中に、補助についたハックスクワットマシンを上げようとした瞬間に上腕二頭筋を部分断裂した。

あちこち痛いところだらけで満身創痍の俺が考えついたのが、数々のギアでカラダを守ることだ。例えば、脇腹に食い込むと痛い革のベルトは、ナイロンのベルトに代えた。しかも、常に同じ方向にベルトを締めるとカラダが一方向によじれるから、反対方向に締められるように二枚重ねている。

ヒジのサポーターやラップも、デッドリフト時に太ももに当てるゴム板も、すべて「痛みや違和感を気にすることなく、快適にトレーニングしたい」との気持ちから生まれた、必須アイテムばかりだ。

しかしながら、考え抜いて採用したアイテムでは救えないことが起こってしまうことはある。

まだ全日本で優勝する前、二位が続いた後、二〇〇三年の全日本で俺は四位に順位を下げてしまった。

その頃は、七月の日本クラス別選手権に出場するため、春先から減量を行っていた。日本クラス別選手権で切符を勝ち取ってアジア選手権へ出場し、秋には全日本へ出て世界選手権に遠征する。大まかにはそんな年間スケジュールで、オフのほうが短いほどだった。

そんな生活にストレスは溜まるばかりで、さらには順位が下がったわけだ。俺のなかで何かが切れた。

もう嫌だ。何もかもが嫌だ。こんなに一生懸命やっているのに、なぜ――?

俺は、ジムの二階にある自宅の部屋からほとんど出なくなった。トレーニングもしないし、電話にも一切出ない。テレビもつけずに、薄暗い部屋の中でジッとしているだけで、時間は過ぎていった。

無気力症候群なのか、バーンアウトなのか、人がその状態をなんと呼ぶかは知らないが、俺は一ヵ月間にわたってそんな状態で、とにかく何もしなかった。プチ廃人状態だったんだ。

気持ちは死んでいないものの、カラダがついてこないこともあった。いわゆるオーバートレーニングってヤツに陥ったことがある。二〇一二年のアーノルドクラシックアマチュアに出場する前のことだ。

アーノルドクラシックは毎年、三月上旬にアメリカで開催される。それはつまり、十一月の世界選手権に出場した後も引き続き減量するしかない状況に陥ることを意味する。

俺は、二〇一一年にアーノルドに初出場し、その後、七月のアジア競技大会、十月の全日本、十一月の世界選手権、そして二〇一二年のアーノルドと、約一年半の間、減量し続けていた。

トレーニングのサイクルはきっちり守っていたからオフの日はあるのだが、ウオームアップの段階で筋肉が切れそうな感じがする。

（今日の胸、本番が始まったら筋肉が切れるだろうな）

そういう予感しかしなかった。だって、ウオームアップの六十キロで激痛が走るんだから。まさに筋肉が悲鳴を上げている感じだ。その証拠にカラダは絞れているけれど、ストリエーションは全く走らない。

十一月の世界選手権のときには、さすがに「ああ、俺のカラダはもう終わったな」と思った。パンプもしないし、まるで自分のカラダじゃないような感覚だった。

俺は日々のトレーニングでオーバーワークに陥ることはないが、減量が長期に及ぶとオーバートレーニングに陥り、カラダが機能しなくなってしまうことを学んだ。

精神的にやられたときは、結局一ヵ月もすると、トレーニングがしたいという気持ちが自然に戻ってきたし、オーバーワークのときには減量の終わりとともに回復した。

俺も人間なんだ。〝不死身の男〟合戸孝二じゃない。


そんな〝人間〟合戸孝二を強力にバックアップしてくれるものがある。

Ｋｅｎｔａｉ（ケンタイ）の略称で親しまれているサプリメントメーカーの「健康体力研究所」だ。

俺は、二〇〇六年の全日本の後にＫｅｎｔａｉと契約を交わした「Ｋｅｎｔａｉアスリート」であり、現在では唯一の「ＪＢＢＦ・プロ・アスリート」でもある。アマチュアとして大会に出場しながら、テレビコマーシャルに出演するといった商業活動もできる選手のことだ。

二〇〇六年の暮れに、玉利齋ＪＢＢＦ会長（当時）が「Ｋｅｎｔａｉさんが会社の顔となる選手を捜している。それには合戸君しかいないだろう！」と推薦してくれ、俺は二つ返事で快諾した。

Ｋｅｎｔａｉの製品は契約する前から使っていたけれど、素材がとてもマニアックで、プロスポーツ選手が使うレベルの内容に徹しているところがお気に入りだ。もちろん一般受けするものも取り扱っているが、サプリメントを重視している人が行きつくところがＫｅｎｔａｉといっても過言ではない。

契約しているからいうわけじゃなく、Ｋｅｎｔａｉ以上のものはないと俺は思っている。最高の製品だから値は多少張るが、それも致し方ない。そもそもアスリートは三百六十五日、何年にもわたって飲み続けるものだからこそ、カラダにいいものをとりたい。

Ｋｅｎｔａｉの製品には、俺の意見も少なからず反映されている。契約してからは、試作品が真っ先に送られてくるから、俺はいいものはいい、ダメなものはダメとはっきり言う。二～三日飲めば、わかるものはすぐにわかる。俺のカラダは常に極限と戦って神経が研ぎ澄まされているから、効くか効かないかが敏感に感じ取れるんだ。減量がピークにさしかかり、ヘロヘロのカラダに取り込むと、みるみるやる気がみなぎり、驚くほどの体感を得られる。

試作品は年間を通していくつも送られてくるが、最終的に商品として残るのは一つか二つだ。

俺が愛用しているＫｅｎｔａｉ製品の基本は、まずプロテイン。一日に五～六回、ＣＦＤホエイプロテインプラチナやホエイペプチドプラチナグルタミンペプチドプラス、ＣＦＭホエイプロテイングルタミンプラスなんかは一回に五十グラムほどを飲んでいる。クレアチンやＢＣＡＡ、ＨＭＢにバイオアクティブホエイプロテインもとっている。

かつては粉ミルクを大事に飲んでいた俺だが、今ではＫｅｎｔａｉのサプリメントに支えられて高重量を扱う日々を送っている。Ｋｅｎｔａｉなしに今の回復力はない。

五十六歳で現役生活を続けられるのも、強力で高品質なサプリメントのお陰なんだ。

09

トレーニングはつらくないでも、楽しくもない

俺は「コンテスト」が好きじゃない。正確にいえば、「コンテスト」という呼び名が嫌いだ。

俺が出場しているのは、「ボディビル選手権」であって「ボディビルコンテスト」ではないから。

そもそも「コンテスト」は、「ミスコン」などの類いで使用されるべきもの。つまり、生まれながらに持ち合わせた美貌やスタイル、体形などの優劣を決めるべきものなのである。

その点でいえば、俺ははっきり言って、ボディビルに関しては素質ゼロの人間だ。よく「合戸さんはすごい素質ですよね」と言われることがある。

そういう人は大抵、さんざんトレーニングをやり込んででき上がった後の俺のカラダを見て、そう言っている。もし、トレーニング始める前の、二十歳以前の俺のカラダを見たら、決してそんな言葉が口を突いて出てくることはないだろう。なで肩でウエストもそれほど細くなく、ケツは小さい。ボディビルダー

として優位に立てるような部分は、これっぽっちもなかった。今のカラダは努力の賜物だ。

例えば、俺が何度も負けている田代誠君は、俺とは逆で、持って生まれた素晴らしい体形をしている。細いウエストに長い四肢、それから小さな頭。「ミスター・パーフェクト」の異名通りといっていい。

では、素質のない俺が田代君に勝つためにはどうしたらいいか？

その答えを探るべく、俺は全日本が終わるといつも、雑誌に掲載された写真などを眺めては自己分析をする。「やっぱりここがダメだな」「ここは俺のほうが勝っているな」と、田代君にあって俺にないものは何かを探る。そして、オフに入ると自己分析の結果を基に、翌年に向けてカラダの改造に取りかかるのだ。

なぜ田代君と自分を比較するのか。

その答えは単純明快で、階級が一緒だから。それに全日本では、順位を争う仲でもある。だから、田代君に勝つにはどうしたらいいのかを考えることが多い。

田代君のカラダつきを見て「この細いウエストになれねぇよな」などと思うこともある。筋肉のつき方は骨格次第。だから俺は田代君のような背中にも、やっぱりなれない。

そんなとき、ないものねだりをしたって仕方がないわけだから、俺はこう考える。

「田代君が細いウエストから広がる背中を持っているのなら、俺は厚みで勝負しよう。田代君には負けない背中の厚み、そしてバルクで勝負だ」と。

それは背中の厚みだけに限らない。胸の厚みも腕の太さも一緒だ。すべてにおいて俺はバルク、すなわち筋肉の量や大きさに勝負をかけてきた。スタイルやプロポーションなど、その人が持って生まれた素質の部分で勝負する人間じゃない。

俺が挑むのは、腕を一センチでも太く、胸を数ミリでも厚くするのにどれだけの努力が必要なのか、その努力のレベルを判断する「選手権大会」ということになる。つまり、ボディビルは努力の成果を判断する大会であるべきなんだ。

だから、持って生まれた素質の優劣を判断する、品評会のような側面を有した「コンテスト」という言葉は使うべきではない。俺はそう信じている。

努力の成果を選手権大会で評価してもらうには、当たり前だが日々のトレーニングがカギを握る。

俺のトレーニングのＤＶＤや写真を見て、「合戸さんは毎日相当つらいトレーニングをされていて、大変ですね」と言う人がいる。

待ってくれ。俺は「つらい」なんて思ったことはない。

確かに、毎日いつ潰れるかもわからない高重量と対峙していれば、「怖い」と思うことはある。けれども、実践しているトレーニングを「つらい」と思ったことはないんだ。

筋肉の究極の発達を求める上で、高重量を扱うことは避けて通れない宿命だ。これでもかというほどの負荷を筋肉に与え続け、筋肉に「このままだと潰れちゃうよ！」という恐怖を覚えさせなければ、筋肉は発達しない。

だから俺は、常に限界ギリギリの重量でトレーニングするし、真理子に補助についてもらうことで、一人では到達し得ない限界を超えるよう努力する。そういうトレーニングを続けてきた結果として、今の筋量を得たんだ。

じゃあ、俺が鼻歌まじりに、楽しそうにトレーニングするかといえば、それも違う。トレーニングは毎日「恐怖との戦い」だからだ。事実、四十歳を過ぎて全日本でチャンピオンになった頃から、トレーニングを始める前は必ず葛藤がある。

トレーニングを全くしなかった時期を経てマッスルハウスジムをオープンし、ダブルスプリットでトレーニングを回していた頃は、一度も感じたことがなかった。むしろ、毎日のトレーニングが本当に楽しくてたまらなかった。

扱う重量が面白いように伸びるから、五日サイクルで回すものの、次に同じ部位のトレーニングが回ってくる日を待ち切れないほどだ。「早く胸の日が来ないかな」「次の脚の日はいつかな」と指折り数えて待つ――そんな調子だった。

けれども最近は、朝起きてからトレーニングを開始するまでの時間、「やる」「やらない」の間で気持ちが揺れ動く俺がいる。昔はトレーニングをしないなどという選択肢はなかったのに、だ。

当時の「やる」「やらない」の気持ちの比率が十対〇だとしたら、それはいつしか九対一になり、八対二になっている。五十六歳になった今では、三対七で「やらない」が勝っているといっていい。

その理由は、いつ潰れてもおかしくないような高重量と対峙するという図式からくる、恐怖以外の何物でもないと俺は感じている。

一度やり始めてしまえば、俺はいつだって「挙がる」と思うし、「挙げてやる」という気持ちになる。問題は、始めるまでだ。やるか、やらないかで揺れ続ける合戸孝二がいるんだ。

本当のことをいえば、ごくまれだけれども、やらない気持ちが勝ってトレーニングをしないときもある。俺だって人間だから、そういうときもある。いつも強い気持ちでいられるわけじゃないんだ。

こんなことを口にすると、「だったら、毎回最高重量をやろうとしないで、たまには流せばいいじゃないですか」と言うヤツがいる。

俺はそいつに聞きたい。「流すトレーニング」って一体なんだ？

俺のトレーニングはいつも「最高重量との戦い」であり、それ以外のものは、いってしまえば「トレーニング」なんかじゃない。

そもそもチャンピオンになったことのある選手や、チャンピオンを目指している選手のなかに、「流すトレーニング」をする人などいないはずだ。

俺には「トレーニングを楽しむ」気持ちはないし、「楽しいトレーニング」も存在しない。楽しみながらトレーニングして頂点を極められるのなら、そんなに楽なことはないだろう。

もう一つ、セミナーのときによく受ける質問で、「合戸さんは今日、トレーニングしないんですか？」というものがある。俺は「しないよ」と一言だけ返す。

俺は、自分の城であるマッスルハウスジム以外ではトレーニングしない。大会出場のために海外に行っている期間などは別だが、慣れない器具を使って調子を見ながらトレーニングするのは、時間の無駄だと思っている。

それに、胸のトレーニングで背中の下に敷くパッド類や、痛みや違和感からカラダを守ってくれる数々のギアなしに、俺のトレーニングは遂行できない。加えて、俺のトレーニングを完璧に理解した息の合う補助者、つまり真理子のいない環境でのトレーニングでは不完全なんだ。

大会に出場した後、トレーニングを長く休むのもあまり好きじゃない。例えば全日本の場合、大会の翌日には撮影をすることが多い。その次の日を完全オフにしたら、翌々日にはいつものトレーニングを再開するのが常だ。

というのも、トレーニングを休むことによって前回のトレーニングから時間が開けば、その分だけ重量は挙がらなくなる。それが嫌で仕方がない。

そうした努力を積み重ねてつくり上げたカラダを競い合う。努力を評価の対象とする。それが「大会」であり「選手権」だと俺は思う。だから「コンテスト」という言葉が嫌いだ。

10

望み は〝一生 ボディビルダー〟

「合戸さんにとって、ボディビルってなんですか？」。この手の質問をされることがよくある。

俺にとってのボディビル——それは仕事であり、人生そのものだ。別にカッコつけているわけじゃない。

俺はボディビル、というかトレーニングに命をかけて取り組んでいる。毎日のトレーニングは常に新しい刺激であり、カラダにとって、筋肉にとって、昨日よりもキツいものでなければならない。

「このままでは潰れてしまう」と筋肉に思い込ませることができない限り、筋肉は発達しない。命がけでトレーニングしているというのは、そういうことだ。

よく、ある程度まで筋肉の発達した人が、それ以上発達しないと悩むことがあるらしい。

なぜ発達が止まってしまうのか？　答えは簡単で、よりキツいトレーニングを行わないからだ。

昨日と同じトレーニングをしていても、それは昨日と同じカラダを維持するだけのものであり、新しい刺激にはなっていない。それじゃあカラダはよくならないし、大会での成績が伸びるわけもない。

俺は、自分にとってボディビルは仕事だと言った。もし全く別の仕事をしながら、ボディビルは趣味でやっているという気持ちで取り組んでいたら、それなりのところまでは到達するだろうが、突き抜けて頂点に上り詰めるようなカラダはつくれなかっただろう。

俺はボディビルで、このカラダひとつでメシを食っている。そういう思いや覚悟があるから、危険を冒してでも命がけのトレーニングができる。

では、命がけのトレーニングとはどういうものか。

俺は無事にその日のトレーニングノルマを終えると、いつも大きく安堵する。「ケガなく、まだ生きている」というものだ。

決して「たくさん汗をかいて、気持ちよかった」という類いのものではない。ましてや「これで今夜のビールもうまい」なんてあり得ない（そもそも、俺は酒を飲まない）。

アマチュアではあるのだけれど、健康のために行っているわけではない。むしろ、カラダへの負担を鑑みれば、俺のしていることは不健康そのものだ。

「健康維持の延長」のようなトレーニングで筋肉が大きくなるのなら、それもいいだろう。でも、少なくとも俺の目指すカラダは、そんなトレーニングでは到底つくり上げることはできないんだ。

トレーニングと大会、どちらが大事かといわれれば、俺はトレーニングと即答する。特にオフシーズンのトレーニングは楽しくてたまらない。減量の必要がないからエネルギーをしっかり補給できている分、そのときの百パーセントの力で挑むことができるから。力がみなぎっているんだよね。

だからこそ、オフのトレーニングには万全のコンディションで臨みたいから、夜更かしはしない。朝六時のトレーニング開始に合わせて寝る。

真理子が夜中にテレビを見ていてもパッと消して、部屋の電気も真っ暗にしてしまう。「オフなんだから少しくらいいいじゃない」って真理子は思っているだろうけど、百パーセントのトレーニングをするために、こればっかりは譲れないんだ。

繰り返しになるが、トレーニングは回を重ねるごとにキツくしていかなくては、筋肉は発達しない。そうするために俺は、三百六十五日トレーニングのことを考えている。

楽な方法、近道などない。そして楽な道を選ばず、キツい道を突き進んでいった結果、毎年変化し続けられたと自負している。

俺にとってオフシーズンの楽しみといえば、食事くらいのものだろう。好きなものを食べられるからね。ただ、食べるものは選ぶ。「せっかくのオフだし、疲労回復のためにいいものを食べよう」と考える人がいるが、俺は逆だ。

トレーニングをしていない日にいいものを食っても、身にならない。せっかくの栄養はただただ消化され、排泄されてしまうだけだ。トレーニングをして筋肉を傷つけたときにこそ、いいものを食いたい。うまい牛肉のすき焼きを食うなら、たまのオフじゃなく、トレーニングをした普通の日が最高なんだ。

そんなトレーニング哲学を持っているからだろう。周囲からは〝鉄人〟〝狂気の男〟などと呼ばれることのある俺だが、四十歳を過ぎた頃からダブルスプリットを実施するのがキツくなってきた。寄る年波には敵わないということなのか。

回復が追いつかなくなり、継続が困難だと判断した時点で、ダブルスプリットはスパッとやめた。いつまでもしがみついていたって仕方がない。それに、ダブルスプリットを行っていた四〜五年の間に、俺のカラダの基礎となる部分はでき上がっている。

現在は一日一回、早朝からのトレーニングのみ行っている。ダブルスプリット時代は、とにかくジムにあるフリーウエイトやマシンで行える、ありとあらゆる種目を行っていた。しかしながら、自分に合わないものや効かせづらいものを続けていても疲れるだけだ。

だから、一日一回にするに当たっては種目を厳選し、自分にとって効く種目のボリュームを増やした。真理子の手を借りる補助トレーニングも継続しているから、トレーニング時間は相変わらず三〜四時間ほどになる。

ダブルスプリット時代の一日八時間に比べれば、今はその半分程度。ショボくなったもんだ。

それでも、圧倒的にトレーニングの質がよくなっている自負はあるし、午後のトレーニングがないから疲労の蓄積が少なく、何よりトレーニングを通して集中力を持続することが可能になった。

セミナーで「どうして三時間も四時間も集中力が持続するのですか?」と聞かれることがよくある。だが、俺はその質問に関して明確に答えることができない。

「なぜ?」「どうして?」と言われても、できてしまうのだから仕方ない。自分でもその理由は、皆目見当がつかないんだ。

逆に、どうして三~四時間くらい集中できないのか、不思議に思うことがある。最初の一時間など、ウオームアップをしているうちに過ぎてしまうだろう?

俺は、体格の面ではボディビルダーとしての素質に恵まれていないけれど、集中力や努力を惜しまないところ、粘り強さみたいな部分には、ひょっとしたら恵まれているのかもしれない。

それが俺にとって唯一の、生まれながらにしての素質といってもいいだろう。

俺がよく聞かれる質問のなかには、「合戸さんは、いつになったら引退するんですか?」という失礼極まりないものもある(笑)。まあ、五十六歳にもなれば周りも気になるだろうし、聞かれることもあるか。

でも俺はこう思う。

三十六年間も続けてきたトレーニングやボディビルを辞めて、俺はいったい何をすればいいのか? それに、俺のなかには「まだできる」「まだできている」という気持ちのほうが強くある。

かつて、真理子が一人暮らしをしていた平塚のアパートに転がりこんだ時期を経て、トレーニングを再開したのは「自分のカラダがこれ以上萎えていくのを見たくない」という気持ちからだった。

そのときと同じで、今でもやっぱり自分のカラダが萎えていくことに俺は耐えられない。だから、トレーニングを続けられる限り、続けていく。もし、トレーニングをやめるときがくるとしたら、それは突如としてやってくるのだろう。

俺の感覚で萎えたカラダになったときには、大会に出場しないはずだ。今は、国内大会は全日本一本、それに加えて海外の大会にも出場しているが、マスターズに主戦場を移す気は、今のところない。

俺は「全日本に出場できないカラダになっちゃったから、マスターズに出ようか」というのは、マスターズに対して失礼だと思っている。

それに、仮にマスターズに転向したところで、俺のトレーニングはなんら変わらない。マスターズになった途端、トレーニングが楽になったり、かける時間が短くなったりすることは絶対にないんだ。もしマスターズに出ることがあったとしても、全日本に出るのと同じカラダで出場する。ほかの参加者から「合戸さん、頼むから全日本に出てくれ！」と言われるくらいのカラダで。

いつ何時も百パーセントで臨むのが、俺だ。妥協という二文字は存在しない。

とはいえ、いつまでも全日本にしがみついて出場し続ける気も、さらさらない。

だからもし俺が全日本にエントリーしていなかったときには、大ケガをしたか、死んだと思ってもらっていい。

「俺のしていることは不健康そのものだ」と話したが、俺は長生きがしたいわけじゃないし、今のような生活を送っていて、長生きするわけもない。

俺はボディビルに生かされているようなものだし、願わくば一生ボディビルダーでいたいけれど、そういうわけにいかないだろうということも、頭のどこかでは理解している。

もしボディビルをやめなければならないときがきたら、俺はダラダラ生きていたくない。太く短い一生を終えたい、そう思っている。だから、俺は真理子によく話すことがある。

「真理ちゃん、いいか？　俺がもしトレーニング中にジムで『ウッ！』って心臓でも押さえて倒れ込んだときには、すぐに救急車を呼ぶなよ。絶対に手を出すな。そんで、もう息をしていないってわかったら救急車を呼ぶんだ。これは俺の遺言だぞ」

真理子は「何を言ってるの」と困ったような、怒ったような顔をするけれど、俺はジムで死ねたら本望だと思っている。

考えてみてほしい。倒れたって元に戻ればいいよ？　今のトレーニングがもう一度できるならいい。けれども倒れた後、一命は取り留めたけれども、トレーニングが満足にできないようなカラダになってしまったら、それこそ後遺症が残って真理子の手を借りなければ生きられないようになってしまったら、それは俺にとって死んだも同然を意味する。

いったい、何が合戸孝二にそこまでさせるのか？　俺も真剣に考えてみた。

ブルース・リーに憧れを抱いたことは冒頭で話した通りだが、実はもう一人、強烈に印象づけられた人間がいる。それがダイナマイト・キッドだ。

俺と同世代の人なら、ブルース・リーに憧れたのと同じように、〝爆弾小僧〟の鍛え上げられた肉体には、多くの人が憧れたのではないだろうか。少なくとも俺には絶対的なアイドルだった。どんなボディビルダーを集めても、最高にカッコいいカラダだったんじゃないかと、今でも思っている。

ブルース・リーは映画を観た当時は「すげぇ！」と思ったけれど、今でいう細マッチョで、俺の目指すカラダじゃなかった。俺はいつしか、ブルース・リーよりもダイナマイト・キッドの密度の高い筋肉の鎧《よろい》に憧れ、ダイナマイト・キッドの小さい版、すなわち「小ダイナマイト・キッド」を目指していた。

それは決して自分の上背が低いからではなく、ダイナマイト・キッドの持つ迫力、オーラに圧倒された結果だろう。

俺の心の奥底の、うんと深い部分には、二十三～二十四歳だった頃のそんな想いが、強く深く残っている。そしてそれが、ボディビルを始めると同時に、「あのカラダをナチュラルでつくり上げてやる」という確固たる気持ちへと昇華した。

自分のなかに「理想の体形、理想のカラダ」というものがあるとしたら、それは二十代の頃に憧れたダイナマイト・キッドであり、俺は今でもそこへ到達しようとトレーニングを続けている。

俺を突き動かしているのは、そんな想いなのかもしれない。

11

百八十キロが六十キロに思わぬケガと不屈のカムバック

ここまでに記した通り、俺はこれまでに大小さまざまなケガを経験してきた。左目は光を失っている。けれども二〇一六年は、俺のボディビル人生において間違いなく最大といえる試練に襲われた。

それは忘れもしない、八月十五日のことだ。十月に行われる全日本に向け、六月初頭から減量を始めていた俺は、すこぶる調子がよかった。特に僧帽筋の張りがハンパなく、今までにないほど絶好調だった。

ところがある日、背中のトレーニングでアンダーグリップのラットプルダウンをしていたとき、セット終わりにバーを戻すのに少しばかり気が抜けて雑になってしまい、左のヒジに違和感を覚えた。

今思えば、その時点で上腕三頭筋を部分断裂していたかもしれない。少しばかり前兆もあって、左手の人さし指がビリビリと痺れていた。正座して足が痺れたときの、あの感じだ。だが、そのときにはさほど気にすることもなかった。

そして運命の日。俺はいつも通りに肩のトレーニングに励んでいた。百三十キロのフロントプレスをしていると、重量を押し上げる力が突然入らなくなり、潰れてしまった。その衝撃で左の鎖骨が後方に大きくずれ、そのときに頸椎から出ている神経を痛めてしまった。

その瞬間は「まずい！」と思ったが、痛みもないため、最後までトレーニングを続けた。

ところが、その日を境に重りを押す力が入らなくなった。

このシーズンオフ、ベンチプレスはＭＡＸ百八十キロでセットを組んでいた。それにもかかわらず六十キロがやっと、という状態に陥ってしまったのである。

気持ちは一生懸命押しているつもりだが、とにかく力が全く入らない。背中のトレーニングで重量を引くことは普通にできるものの、押すことができずにいた。

さすがに「ヤバい」と思ったよ。だけど、この謎の症状の原因は皆目見当もつかず、自分の身に何が起こっているのか、理解できずにいた。あらゆるケガを経験してきた俺にとって、初めての症状だった。

俺はどうにかこうにか六十キロのベンチを行った。しかしながら、常に高重量を扱ってきた俺のカラダは一向にパンプする気配がない。

特にダメージが大きかったのは左側で、ベンチプレスなら右側の力だけで挙げているような具合だった。バランスがとれないから、六十キロのバーベルを相手にフラフラする有り様で、完全にめげてしまった。

「ついに俺も終わった」、そう思ったよ。

確かに左目は見えなくなったけれど、トレーニングを続けることができたから、俺にとってはそれほど大したことじゃなかった。ケガの痛みだって耐えられる。俺は痛みに強いんだ。

だが、今回は違う。俺が愛してやまない高重量トレーニングが全くできないんだから。案の定、左の大胸筋は、洋服を着ていてもハッキリと認識できるほど急激に縮んだ。

高重量を扱う恐怖と戦いながら鍛え続けた俺の大胸筋は、文字通り「あっ！」という間になくなり、俺は悲しさとやるせなさに泣きそうだった。

だが、泣いていたって仕方ないし、何も始まらない。俺はどん底から這い上がるため、一から地道なトレーニングに取り組むことにした。

かつて、同じように神経を傷めた経験のある谷野義弘君は当初、箸も持てなかったらしい。それに比べれば、俺は六十キロとはいえベンチプレスができるのだから、マシなほうだ。六十キロがクリアできたら、次は六十二・五キロを挙げればいい。

そんなふうにして、ジムに入会したての新規会員と同じようなステップを踏みながら、俺はリハビリに取り組んだ。

しかしながら、これほどまでに大胸筋が縮んでしまえば、大会出場はさすがに難しい。俺は断腸の思いで、その年の全日本を欠場することにした。

オフシーズンに入った二〇一六年二月には、日本体育大学の准教授で、〝バズーカ〟の愛称で知られる岡田隆先生からの提案を受け、日本体育大学・世田谷キャンパスへ出向きMRIを撮ってもらった。これによって、筋量や左右のアンバランスさを確認することができる。

理学療法士でもある岡田先生が言うには、「前例がないのではっきりはわからないが、筋肉が過剰に発達したために神経が圧迫を受けたのではないか」とのことだった。

命を賭して発達させた筋肉が過剰に発達しすぎた？　つまり、俺のカラダにとって今の筋量は、キャパオーバーに達してしまったということなのだろうか？

のちの医者の診断で、胸郭出口症候群であると判明したが、俺にはカラダを元通りにするよりほかに道はない。気持ちを新たに、持てるだけの重りを持ってコツコツとリハビリを続けた。

時に「もう終わりかな」と自分の今後を憂い、またある時には「こんなに軽い重量でトレーニングしても意味がないんじゃないか」と自問自答を繰り返した。トレーニングの成果に一喜一憂する毎日だった。

それでも地道な努力は実を結び、受傷から九ヵ月近くがたった二〇一七年五月には、ベンチプレスで百四十キロを挙げられるまでに回復した。

（これなら全日本はいけるんじゃないか）

そんな光明が見いだせたこともあり、俺は例年通り、六月の初めから減量に入った。

それから一ヵ月ほどが過ぎた七月初旬、減量の影響から扱う重量が多少落ち始めてはいたのだが、それでも百三十キロでベンチプレスができていた。

ところが、ここへきてまさかの再発。突如として百キロしか押せなくなってしまった。気持ちの上では全力で押しているのに、力が伝わらない。

（なんだよ、人が苦労して頑張ったっていうのに、またダメなのか――？）

俺はどうにかしてパンプ感を得ようと、それまでに一度もやったことのない「足上げベンチ」や「ゴムチューブを使ったパンプ」など、ありとあらゆる手段を試みた。けれども、所詮それでは「高重量を扱った刺激」には遠く及ばない。

（やめるのか？　全部投げだしてしまっていいのか？）

俺は、若い頃の気持ちを思い出すようにした。試練に立ち向かってどんなものも乗り越えてきた、あの頃の気持ちだ。

そうだ。俺は、眼前に困難が立ちはだかれば、逆境に陥れば、英知を振り絞ってそいつを乗り越えることに喜びを感じる男じゃないか。今やらずして、いつ頑張るんだ⁉

正直にいえば、二〇一七年の全日本はボディビル人生で一番自信がなかったかもしれない。そのくらい不安だった。それでも症状の再発にめげることなく、最終的に出場を決意した理由は至極単純。エントリーを済ませていたからだ。

二〇一六年はエントリーしながら、出場を回避している。だから、今年も土壇場になって「や～めた」

とは言いたくなかった。それに、去年ほどカラダが萎んでいなかったこともある。順位は下がるかもしれないけれど出てみよう、素直にそう思えた。

二年ぶりの俺の全日本出場を、ステージ上でしのぎを削る選手たちも喜んでくれた。

須江正尋君はその一人で、会場のメルパルク東京ホールの控え室に入ると、いの一番に駆け寄ってきたのが須江君だった。須江君も、出場選手のなかではベテランの域に入る。寄る年波には勝てないと少しずつ危機感を覚えているようだが、彼よりも年上の俺が全日本に出ている以上は、自分も頑張ろうって思っているらしい。それから、何度も連絡をくれて俺を励ましてくれた井上浩君も、久しぶりの再会を喜んでくれた一人だ。

田代誠君との再会もうれしかった。田代君と俺は、よく〝因縁の仲〟とか〝ライバル同士〟とかといわれる。けれども当の本人たちは、そんなふうには露ほども思っていない。それよりもむしろ切磋琢磨してきた仲間だ。決して多くの言葉を交わすわけではないが、お互いにリスペクトし合っている。

前年度の決勝進出者クオリファイ制になってから、久しぶりの一次ピックアップ審査を経験し、二次ピックアップ審査も通過して、迎えた決勝比較審査。

俺は、そこでゼッケン番号を呼ばれれば表彰台に近いとされるファーストコールで、昨年の上位陣に混ざる形で呼ばれた。番号を呼ばれた選手は、司会のコールに合わせて規定ポーズをとっていく。

復帰戦となった大会で、俺は四位でフィニッシュした。

俺の場合、基本的には一年間、自分のトレーニングがやり切れたか否かで自己評価が決まるし、大会に向けた自信になる。

今年の全日本に向けたトレーニングに関していえば、夏に一度失速しているから百パーセントとはいえない。大会当日の仕上がり具合も、自分のなかでは七割といったところだ。

そういう意味では、満足のいくシーズンとはいえないし、四位という結果にも満足していない。

日本ボディビル＆フィットネス連盟の役員からは、「この年齢で、しかもケガからの復帰明けで四位なんだから、すごいよ」と声を掛けられたけれど、俺にとっては到底納得のいくものじゃない。

俺はこう考えている。

二〇一七年の全日本は復帰に向けた通過点にすぎない。だから今年は「ショボい合戸を見てやってくれ」という気持ちだった。

でも、二〇一八年は見ていてほしい。百パーセントの状態でステージに立つから。

「合戸のヤツ、どうしちゃったんだ!?」っていうカラダで登場して、審査員と観客の度肝を抜いてやる。

そう思っているんだ。

俺はいつだってそういうつもりでやってきたし、これからもそうする。それが俺の生き様だ。

「目指しているのは、気持ち悪い体。『合戸は使っている』は最高の褒め言葉」

12

オリンピア・アマチュア香港大会

二〇一七年十月九日。メルパルク東京ホールで行われた全日本に二年ぶりの出場を果たし、俺は四位に入った。ケガからの復調は完全とはいえず、感覚的には七割程度だったから、申し分ない順位といえる。そして、そのわずか二週間後に、俺は香港での国際試合を控えていた。「ミスター・オリンピア・アマチュア・アジア」だ。

ミスター・オリンピア・アマチュア（以下、オリンピア・アマチュア）は文字通り、世界最高峰のボディビルダーが雌雄を決するミスター・オリンピア（以下、オリンピア）のアマチュア版だ。

オリンピア自体は一九六〇年代に、当時、ボディビルダーの頂点を決める大会だったミスター・ユニバース（以下、ユニバース）で二連勝し、それ以上の戦う場がなくなってしまったラリー・スコットのために、〝ボディビルの父〟ジョー・ウイダーが創設したプロの大会である。結局、ラリー・スコットは一九六五年の第一回大会と翌年の第二回大会を連覇し、引退している。

ユニバースはアマチュア最高峰の大会、オリンピアはプロ最高峰の大会として、どちらもしばらくの間はＩＦＢＢが統括していた。

その後、ユニバースの名称はＮＡＢＢＡが引き継ぐことになり、ＩＦＢＢのそれは世界アマチュア選手権（以下、世界選手権）に名称変更となった。一方、プロ最高峰の大会は変わらず、オリンピアのままだ。

オリンピアといえば、アーノルド・シュワルツェネッガーが通算七度の優勝を誇り、リー・ヘイニーは八連覇、その後もドリアン・イエッツやロニー・コールマン、ジェイ・カトラー、最近ではフィル・ヒースが現在七連覇中と、まさに世界一のボディビルダーを決めるにふさわしい大会だ。

前置きが長くなってしまったが、オリンピアのアマチュア大会を世界各地で開催しようというＩＦＢＢの粋な計らいがオリンピア・アマチュアであり、俺はそのアジア大会に出場することにしたわけだ。

なぜ出場を決意したのか？　その大きな理由は、世界選手権の審査基準の方向転換にある。端的にいえば、バランス重視のプロポーションスタイルに傾き、筋肉の発達を最重要課題としなくなったからだ。

俺はあくまでもナチュラルにこだわり、その限界にたどりつくことが目標だった。その肉体を武器に、かつては世界選手権で六位以内に入っていた選手が、調子を崩したわけでもないのにいきなり十位以下に沈み、予選落ちしてしまうのだ。

さすがに「俺の体は世界選手権向きではないのかな」と、真剣に考えた。

日本国内では、「バルクの時代を切り開いた」という自負があるものの、世界の基準はそう簡単には変えられそうもない。一生懸命に、それこそ命を賭して取り組んだとしても、正当に評価してもらえないのなら別の舞台を探すまでだ。それが俺にとってはオリンピア・アマチュアだったのである。

俺はその熱意を、病気で入院加療中だった日本ボディビル界のドン・玉利齋名誉会長にぶつけた。入院先の都内の病院を訪ね、「オリンピア・アマチュアに挑戦させてください！」と申し出た。

玉利名誉会長は、俺のボディビルにかける姿勢の第一の理解者だ。

国際大会になると、玉利名誉会長は必ず日本代表団の団長として同行していたから、俺が初めて国際試合に挑戦した一九九八年から、目をかけてもらっている。アーノルド・クラシック・アマチュアに出たときなどは、会長と三時間近く話し込んだこともあった。

俺がオリンピア・アマチュアへの出場を懇願すると、玉利名誉会長は二つ返事でこう言った。

「合戸君！　大和魂を見せてやれ。勝っても負けても、『日本のナチュラルビルダー、ここにあり』というところをしっかりと見せてくるんだ！　頑張ってこい！」

玉利名誉会長は「合戸君、何かあればいつでも俺に言ってこい」と常々俺を気遣ってくれたが、本当に頼みごとをしたのは、後にも先にも、この一回だけだ。

さらに玉利名誉会長は、「合戸君は、若木竹丸を超えたな！　そんな人間が出てくるとは思わなかったよ」とも話してくれた。

若木竹丸は日本のボディビルの草分け的存在で、一九三八年には『怪力法並に肉体改造体力増進法』という著書を出している。かの有名な武道家・大山倍達を指導したり、十時間ぶっ続けでトレーニングしたりなど、逸話には事欠かない人物だ。

玉利名誉会長は、俺がそんな偉大な若木武丸を超えたという。最上の褒め言葉だ。

とにもかくにも、玉利名誉会長は病床にいるにもかかわらず、すぐに事務的な手続きを済ませてくれ、俺のオリンピア・アマチュア出場が決定した。

出場が決まったからといって、オリンピア・アマチュアが果たしてどんな審査基準で、どういった選手を求めているのかは、はっきりとわかっているわけじゃない。なにせ、ＪＢＢＦが出場を認める形で日本人選手が出場するのは俺が初めてだ。前例がない。

しかも、アマチュアを謳いながら、どうやらドーピングの検査はなさそうだという。

そんなだから、俺がオリンピア・アマチュアに出場することが発表されると、「オリンピアに出るってことは、合戸さんもついに〝使っちゃう〟んですね⁉」などと、悪びれもせず口にする輩がいた。

何度も言うが、俺はあくまでもナチュラルにこだわり続けて戦う心積もりだ。だいたい、五十六歳にもなって禁止薬物に手を出して、どうするっていうんだ。バカも休み休み言え、って話だ。

それに俺は、世界選手権でもアジア選手権でも、使っている〝かもしれない〟選手と対等に戦ってきた自負がある。大会である以上、俺は負けない自信がある。それだけ命をかけてやっているんだ。

言い訳をするつもりは毛頭ないが、復帰戦となった全日本では、満足のいくような減量に取り組めなかったこともあり、どうにも万全の状態にもっていくことがかなわなかった。その悔しさもあり、二週間後のオリンピア・アマチュアでは、全日本以上の調子にもってくることができるよう調整に臨んだ。

全日本が開催されたのは祝日の月曜。火曜はそのまま東京に残って、スポンサーであるＫｅｎｔａｉに関連する写真撮影を行い、藤枝に戻ったのは夕方だった。水曜は一日オフにしてカラダを休め、木曜から通常のトレーニングと減量を再開した。

香港での検量は、全日本のちょうど二週間後の月曜に行われることが決まっていた。逆算して、我々日本代表団（といっても選手は俺だけで、あとの五人は監督、コーチ、通訳、メディア、そして真理子だけど）が日本を出発するのは、日曜に決まった。

しかも今回、成田国際空港から香港へ向かうフライトは早朝便だったため、東京に前泊せざるを得ない状況だった。つまり、最後のトレーニングができるのは出発前日の土曜まで。トレーニング＆減量の再開から正味十日間だ。

俺は基本的に、自分のジム以外でトレーニングをしない。俺のカラダに合ったマシンがないし、真理子に補助してもらうことも難しいからだ。香港へは真理子も同行するが、満足のいくトレーニングを現地で行うのは、まず無理だろう。

海外の大会に参戦する場合、これが一番の問題になる。俺のカラダは、高重量を持たないと張らない。

静岡県在住の俺は、国内大会に出るときの移動手段は新幹線が主で、飛行機を使わない。しかしながら海外の大会に行くときは、当然ながら飛行機が足となる。

ボディビルダーに限らず、人間は誰しも飛行機に乗ると、気圧の関係でカラダがむくむ。これは大会出場を控えたボディビルダーにとって、最悪の現象だ。

どうしたらいいか?

これに関しては一日、ただじっと待つしかない。時間が解決する問題なんだ。

今回は日曜に現地入りし、検量があるのは翌日の正午から。それまでは塩分を控えめにして、俺の場合は食べ物自体もあまり口にしない。栄養補給はＫｅｎｔａｉのサプリメントが中心だ。

そんなときに口にする食べ物といえば、気持ちをリラックスさせてくれるようなもの。例えば、同じカーボ(炭水化物)をとるなら、米やパスタよりもクロワッサンのほうが好きだ。

クロワッサンはパン生地にバターを練りこんで焼き上げる。脂質が多いから、ボディビルダーなら普通は避ける食べ物だろう。減量中なら、なおさらだ。でも、軽い。軽いもののほうが減量している身の俺には、うんと優しいんだ。

もちろん無事に検量をパスすれば、腹いっぱいになるほどではないが、普通に食べる。

検量に関していえば、世界選手権やアジア選手権でもありがちなことだが、今回もご多分に漏れず、十二時には検量会場の隣にある待合室に通されたが、結局それから五時間も待つことになった。

いったいどうなっているのかと思ったら、同時開催される香港のローカル大会の出場選手の検量に手間取っていたらしい。しかも、オリンピア・アマチュア関連には四百人以上が出場するのに、体重計がたった一台ときた。ちなみに、検量の時間はカテゴリー別にずらして設定しているわけでもないから、俺のように早く検量を終わらせたい選手は皆、十二時から来ている。

長時間待たされはしたが、通訳兼フォトグラファーとして同行しており、今回の俺の出場手続きを手伝ってくれた、〝みっちゃん〟こと岡部みつるがプロモーターに掛け合ってくれ、「日本から唯一の出場選手」ということで、先に検量させてくれた。そうじゃなければ、さらに待つところだった。

俺は六十八・九キロで一発パスした。

その後はホテルに戻り、休息に当てる。世界選手権のときは夜に検量が行われ、深夜にホテルに帰って、そこからカラーリングをして、翌日の午前中から予選というパターンが多い。ところが今回、俺の出番は検量の翌々日だったため、丸一日ゆっくりできる日があった。これが非常にありがたかった。

ホテルにはフィットネスルームがあったものの、カーディオマシンとちょっとしたダンベルしかないので、中心地にあるジムへと繰り出した。普段やっているようなトレーニングはもちろんできないが、一時間ほどかけて上半身を軽くパンプさせることができた（下半身はカットが出なくなるからやらない）。

藤枝を離れて以来、ずっとトレーニングができていなかったから、全身の筋肉が縮んでいる感じがしていた。それがいくらか解消された感じだ。ホテルに戻ってからはフィットネスルームで二時間ほどバイクをこいだ。

香港までの移動中は常に上半身四枚、下半身も四枚の重ね着をして、汗をかくようにした。皮下に水分を溜め込まないようにするためだ。その甲斐があったのか、はたまた久々のトレーニング後にコンビニで調達した参鶏湯《サムゲタン》がよかったのか、俺のカラダは百パーセントといえる状態にまで研ぎ澄まされた。


決戦は十月二十五日、水曜日。俺はメンズフィジークの選手に混ざって、優先的に検量させてもらっていたことから、その日には同じクラスの選手を見ていない。予選で初めて顔を合わせることになる。どんなヤツらと対決するのか、蓋を開けてみないとわからないが、それはそれですごく楽しみだ。

ところが、待てど暮らせど出場の声が掛からない。そしたらなんと、ボディビルの六十五キロ以下級と俺がエントリーしている七十キロ以下級は、出場選手が六人なので予選は行わないという。

そんなもん、出場者リストができた段階、つまり検量終了時点でわかっていることなんじゃないのか？ 時間を読みながらパンプアップしていたのに、もっと早く言えよ、早く。

俺は気を取り直して、予選を兼ねた決勝に向けて準備することとなった。

七十キロ以下級の六人は、モンゴル、韓国、中国、フィリピン、地元の香港、そして日本から出場していた。俺が見た感じでは、これまでに出場していた世界選手権に比べて、それほどレベルが高いわけではなかった。むしろ、これならアジア選手権のほうがレベルは高い。俺はいける気がした。

比較審査が二ラウンド行われ、すぐにフリーポーズへと移った。

今回の出場に関して、最終的にはちょうどここにピークが合ったという感じだった。調整は百パーセントといえるほどで、大胸筋の感じもよくなっていたから、全日本では封印していたマスキュラーポーズも積極的にとった。ケガのことがあるから全体として満点ではないが、それでも今の俺としてはやり切ることができたと思う。

いよいよ順位発表。日本人初参戦のオリンピア・アマチュアで、果たしてどのような結果が出るのか。俺のカラダは、この大会でどういう評価を受けるのか。

ボディビルでは下位から発表していくのが恒例だ。六位、五位、四位。まだ呼ばれない。表彰台が確定した。三位、ここでも呼ばれない。そして二位。これはつまり優勝者の発表でもある。俺の番号は最後まで呼ばれなかった。

やった！　初出場のオリンピア・アマチュアで、俺は優勝したんだ！

俺は大きくガッツポーズを決めた。そして胸に金メダルをかけられた。

――と思いきや、次の瞬間、オフィシャルが大きく手を振りながら全員のメダルを取り上げていく。なんだか様子がおかしい。なんだ?

どうやら、集計が間違っていたという。結局一から表彰をやり直し、俺は四位という順位を与えられた。全日本と同じだ。俺のオリンピア・アマチュア優勝は、幻となって消えた。

今、俺は成田に向かう飛行機の中だ。疲れた。優勝で終えていたら、こんな疲労感はなかっただろう。「優勝は間違いでした！」って……一位と二位を間違っていたのならわかるけど、四位ってどうよ？　まぁ、順位は他人がつけるものだから、俺は声に出して文句は言わない。一瞬だったけど優勝できたしね。ただ、本音をいえば、俺自身は全日本に比べれば仕上がりもかなりよかったし、周りにはいい選手もいたけれど、仕上がりでとってくれたのかなと思っていた。だから正直、表彰台はいけたと思っていたし、四位という結果には満足していない。

そして惜しむらくは、成田についたその足で、玉利名誉会長に結果を報告できなかったことだ。玉利名誉会長は、俺が香港へ出発する一週間前に急逝されてしまった。病院でお会いしたときは元気だったし、訃報は何かの間違いだと思った。「相変わらず腕が太いな。合戸君と会うと元気が出るんだ。俺もまだまだ頑張らねぇと」という名誉会長の言葉が頭の中に繰り返し流れた。そして俺は、俺の願いをかなえてくれた名誉会長の思いを背負ってオリンピア・アマチュアのステージに立つと心に誓った。

来年もこのオリンピア・アマチュアが同じ環境で開催されるか否かは、今のところ不透明だ。だけれど、俺はもし出られる大会があるのならば挑戦したいと思っている。まずは次年の全日本、会場にいる誰もをあっと言わせるカラダで出場することが俺の目標だ。まずはケガを完全に治して再出発する。

そう、俺の二〇一八年は、この飛行機を降りたときから始まる。

合戸孝二　主なボディビル戦績一覧

1992年	**静岡県選手権　優勝**
1996年	**中部日本選手権　優勝**
1997年	ジャパン・オープン選手権　12位
1998年	日本クラス別選手権（70kg以下級）　2位
	アジア選手権（70kg以下級）@ベトナム　2位
	ジャパン・オープン選手権　4位
1999年	日本クラス別選手権（75kg以下級）　2位
	ジャパン・オープン選手権　2位
	日本選手権　4位
	世界選手権（70kg以下級）@スロバキア　4位
2000年	**日本クラス別選手権（75kg以下級）　優勝**
	アジア選手権（70kg以下級）@香港　2位
	ジャパン・オープン選手権　優勝
	日本選手権　2位
	世界選手権（70kg以下級）@マレーシア　11位
2001年	**日本クラス別選手権（70kg以下級）　優勝**
	ワールドゲームズ（70kg以下級）@日本　4位
	アジア選手権（70kg以下級）@韓国　2位
2002年	日本クラス別選手権（75kg以下級）　2位
	アジア競技大会（70kg以下級）@韓国　2位
	日本選手権　2位
2003年	**日本クラス別選手権（75kg以下級）　優勝**
	アジア選手権（70kg以下級）@カザフスタン　5位
	日本選手権　4位
	世界選手権（70kg以下級）@エジプト　8位
2004年	日本選手権　2位
	世界選手権（70kg以下級）@ロシア　14位
2005年	**日本選手権　優勝**
	世界選手権（70kg以下級）@中国　13位
2006年	日本選手権　2位
2007年	**日本選手権　優勝**
	世界選手権（70kg以下級）@韓国　7位
2008年	**日本選手権　優勝**
	アジアビーチゲームズ（70kg以下級）@インドネシア　5位
	世界選手権（70kg以下級）@バーレーン　8位
2009年	ワールドゲームズ（75kg以下級）@台湾　4位
	日本選手権　優勝
	世界選手権（70kg以下級）@カタール　6位
2010年	日本選手権　2位
	世界選手権（70kg以下級）@アゼルバイジャン　6位
2011年	アーノルド・クラシック（70kg以下級）　4位
	アジア選手権（70kg以下級）@モンゴル　優勝
	日本選手権　2位
	世界選手権（70kg以下級）@インド　4位
2012年	アーノルド・クラシック（70kg以下級）　6位
	日本選手権　3位
	世界選手権（70kg以下級）@エクアドル　9位
2013年	日本選手権　3位
	世界選手権（70kg以下級）@モロッコ　15位
2014年	日本選手権　4位
2015年	日本選手権　2位
	世界選手権（70kg以下級）@スペイン　13位
2017年	日本選手権　4位
	オリンピア・アマチュア・アジア（70kg以下級）@香港　4位

2001

Kentai
Health & Fitness

GASP
UTILITY ITEM

2001

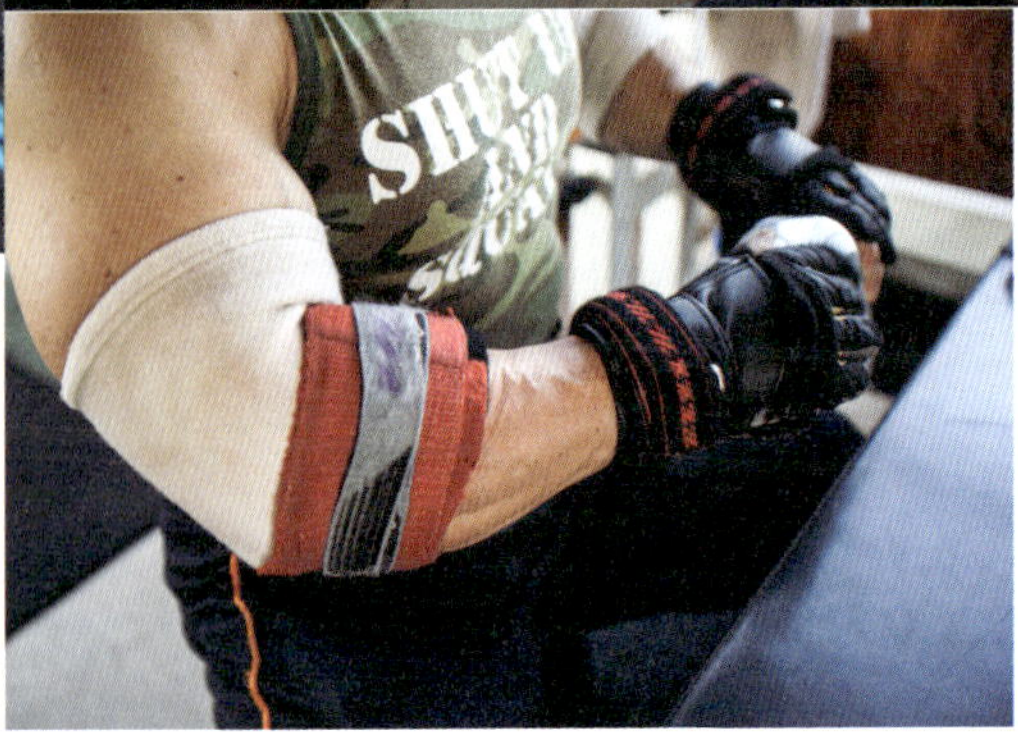

AND

GASP
UTILITY ITEM

Kentai
Health & Fitness

Kentai

第二章 〝狂気の男〟の作り方 ―トレーニング解剖編

本章は、合戸孝二選手の現在のトレーニングプログラムをほぼ忠実に実践し、そして誰もが踏み入れなかったWスプリットまでをも実行に移した岡田隆先生（日本体育大学准教授）が、自身の経験と合戸選手へのインタビューから理解し、推測した合戸式トレーニングの神髄についてまとめたものである。合戸選手のトレーニングが思いつきや素質に任せたものではなく、繊細かつこだわり抜いた工夫の結晶であることがわかるだろう。

岡田隆（おかだ・たかし）
日本体育大学准教授。1980年生まれ。日本体育大学大学院修了。東京大学大学院総合文化研究科博士課程単位取得満期退学。理学療法士、日本体育協会公認アスレティックトレーナー、CSCS*D、JATI認定トレーニング指導者。JOC強化スタッフ（柔道、水泳）。骨格筋評論家としても活動している。『除脂肪メソッド』『筋肥大メソッド』（ともに小社刊）など著書多数。

※本章は『トレーニングマガジン』の連載「トップビルダーのカラダづくり大解剖」合戸孝二編に大幅加筆し、再構成したものです。

01

たどりついた「筋肥大超特化型」

狂気の男――誰が名づけたのか定かではないが、そのキャッチコピーは以前から、私のなかのイメージとなんとなくマッチしていた。

しかしながら実際にお会いして、合戸選手のトレーニングを体験し、その哲学を聞いたことで、そう呼ばれる所以がよくわかった。とにかく常人離れした思考、生活、そしてトレーニング。「狂気」とはつまり、抑え切れない熱意なのだ。

ここまで振り切れた人間は、あらゆる分野を探してもそうはいないだろう。仕事柄、ほかのスポーツの超トップクラスのアスリートとも仕事をさせていただく機会に恵まれるが、そういった人たちもやはり常人離れした思考や哲学を有し、それを実践してきている。

ボディビル界、超一流の狂気。そんな合戸選手のトレーニングのルーティンとプログラムから、これまでの自身のトレーニングがいかにぬるま湯につかったものだったのか、感じずにはいられないだろう（私は絶賛反省中である……）。

さて、読者の皆さんにとって合戸選手のトレーニングのイメージというと、「ただひたすら追い込む」といったところだろうか。少なくとも私はそう思っていた。

しかし直接会って話してみると、その考えは合戸選手のトレーニングを表面的に見ているにすぎず、浅薄なものであることに気づかされた。

根底にはとても強いこだわりと信念があり、しかもそれは一切ぶれることがない。その上でひたすら追い込んでいるのだ。

「筋肉が大きく発達するかどうか」

この一点だけを強く見据えた、一見するとエラーにも思えるフォーム。しかし、どれもこだわり抜いて生み出された傑作だ。その上で重量と回数にとことんこだわり、絶対に妥協しない。

そんな合戸選手がトレーニングで扱う重量は、例えばベンチプレスならMAX百八十キロ。「合戸さんなら、もっと挙がるのではないか」と思ってよくよく聞いてみると、後述する胸椎の下に半円形のパッドを敷いて行う〝合戸式ベンチプレス〟でのMAXだった。

パッドによって可動域が格段に広がり、かつ姿勢の不安定感を体幹筋でしっかり固定する必要がある方法で行えば百八十キロ、というわけだ。

一般的な方法とは異なることを一切補足することなく、それがあくまで自分のベンチプレスのMAXであると申告しているのである。

トレーニーなら、少しでも自分をよく見せたいと思うのが普通ではないだろうか。そのために、多少〝盛って〟申告する者さえいる。

しかしながら合戸選手は、その虚栄心を全く感じさせないどころか、むしろ正反対。その裏には「（合戸式ベンチプレスは）確かに重量が挙がりにくいが、筋肥大には絶対にコレ」との自負がある。そして、それこそが目的達成のために意味のあるものだと考えているから、その重量を平然と答えるのだ。

そこに一切の言い訳はいらない。その姿は例えるならば、余計な煩悩を捨て去り、悟りの境地に達した修行僧のようだ（それは普段の穏やかな表情からも伝わってくるのではないだろうか）。

ちなみに、スクワットはセーフティースクワットバーを用いて三百四十五キロ。ただし、シャフトにつけられるプレートの限界がこの重量だっただけで、肉体的な限界はその先にある可能性が十分ある。

また、デッドリフトはトップサイド式で三百四十キロ。実施中にはバーが大きくしなるほどだ。

しかしながら、三百キロを超えると背中に負荷がのらず、腕だけで引っ張っていることに気づいてからは、背中にしっかりと負荷がのるフォームが徹底できる重量へと徐々に落としていき、現在は二百七十キロとのこと。

ここでもやはり、あくまで目的達成のためのトレーニングであることに、一点の曇りもない。

そして、バーベルカールは百キロ、ライイングトライセプスエクステンションは九十七・五キロ。やはり〝前脚〟（太い腕を最上級に賞賛し、あえてこう表現したい）をつくるには、脚と同じくらいの重量を求めていくしかないということなのか――。

とはいえ、くれぐれもケガには注意したいものだ。安易にまねることは避けたい。

競技スポーツでは、勝つために必要な行為の質を高めた上で、そこにどれだけのエネルギーを費やせるかにかかっている。そのためには、徹底的に無駄を排除できるかどうかが大切だ。

筋肉の発達にターゲットを絞った合戸選手の場合、筋肥大を目指すに当たって一切の無駄が許されない。そのために人生をかけてたどりついた「筋肥大超特化型」のトレーニングプログラムとは、果たしてどのようなものなのだろうか。

合戸式の基本はまず、MAXから一セットごとに重量を落としていく、ディセンディングピラミッド法であること。これは重量を網羅的に扱い、すべての刺激を得ることを目的としている。

真のMAXを導入していないのは、トップサイドデッドリフトのみ。前述したように、重すぎるとかえって背中への効きが悪くなる感覚があるからだ。

そして、すべてにドロップセット、フォーストレップス（補助）、徒手でのネガティブ負荷を導入する。これは小さい筋肉を狙った種目でも徹底されている。あますところなくオールアウトさせることが目的だ。

種目の選択自体は非常にシンプルである。ご本人いわく、思考錯誤を重ねて取り組んできた結果、基本

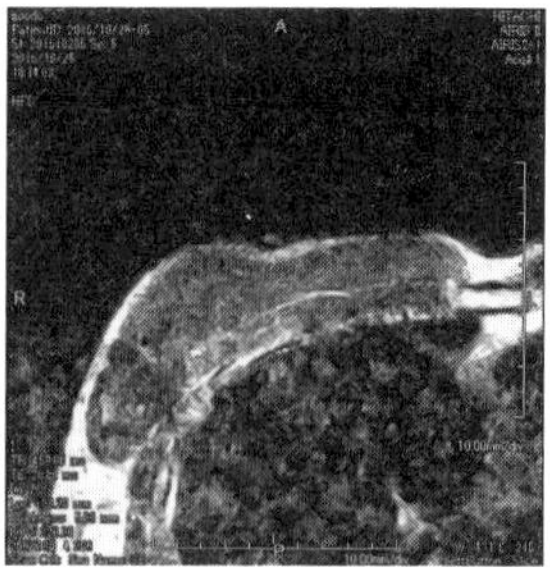

画像①
合戸選手の右大胸筋

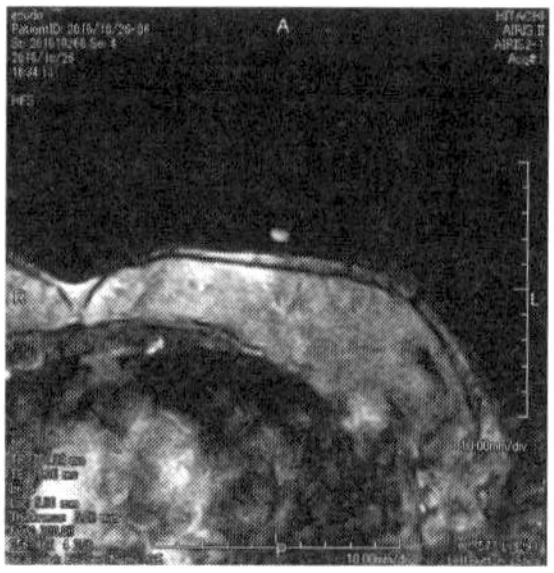

画像②
合戸選手の左大胸筋

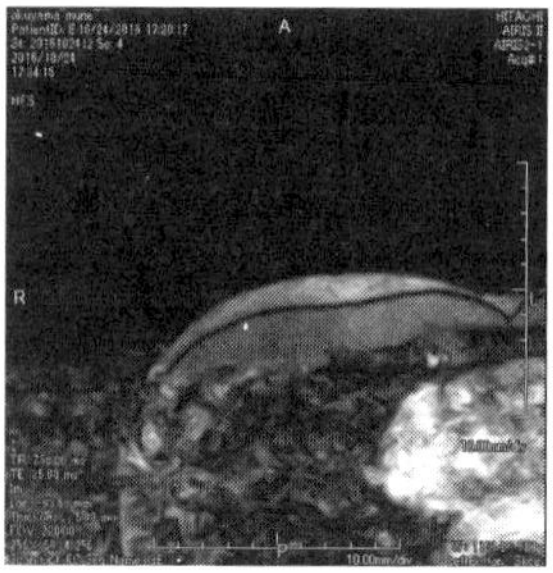

画像③
一般人の右大胸筋

種目に落ち着いたらしい。

基本種目は安全に行うことができ、さらに先に述べたようなテクニックを用いれば、完全に追い込み切ることが可能だ。その結果、問答無用ですべての筋線維に効いてしまう。

巡り巡って最終的には基本に戻り、その上でどれだけ追い込むことができるか、質を高めることができるかが重要。これこそが、合戸選手が筋肥大にすべてをかけた二十年間の集大成だ。

「基本種目の質さえしっかり高められれば、細かなテクニックに走らずとも、筋肉はデカく、よくなってくるもんだよ」

静かにそう語る合戸選手から醸し出される説得力は、並大抵のものではない。

合戸選手の筋肉の異常発達については、見てもらうのが一番だ。二〇一六年十二月、合戸選手に日本体育大学へお越しいただき、ＭＲＩを撮影した。このとき合戸選手は、神経損傷によりトレーニングが満足にできていない状態だったこともあり、筋量や左右

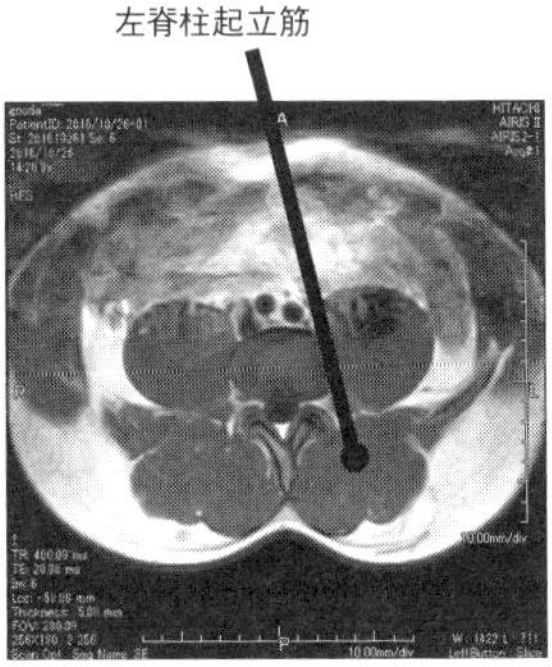

画像④
合戸選手の体幹部

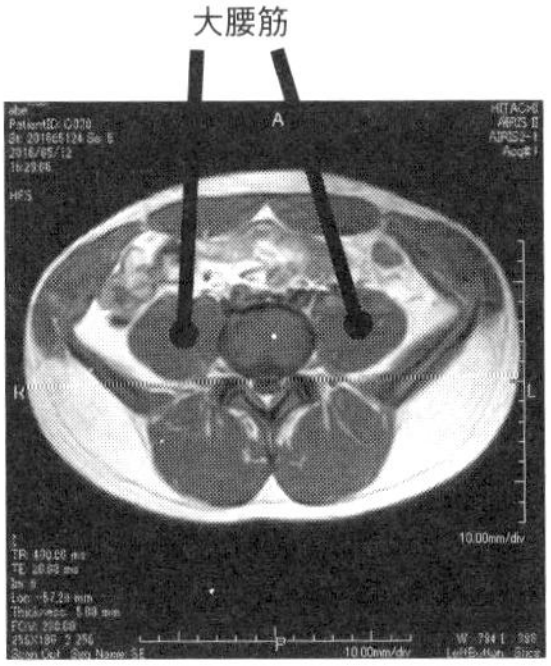

画像⑤
カヌー選手の体幹部

協力／八角卓克（日本体育大学スポートトレーニングセンター 助教）

のアンバランスさを見てみようというのが、発端だった。

画像は合戸選手の大胸筋と体幹部（腰椎）の横断面を撮影した（輪切りにした）ものである。

大胸筋については、そもそも厚みがありすぎてＭＲＩのコイルに潰され、変形しているのがわかる。特に右の大胸筋（画像①）は大きすぎてかなり潰され、変形が強いが、おそらく一般人の三倍はあるだろう。右に比べると左の大胸筋（画像②）は筋萎縮（病的なサイズダウン）が見られるが（そのため、コイルに潰されずに形がきれいに見える）、それでも一般人の二倍はある（画像③は一般人の右大胸筋）。

体幹部については④が合戸選手、⑤がカヌー選手の画像だ。合戸選手は、やはり左脊柱起立筋に萎縮が見られるが、それでもアスリートより大きい。また、合戸選手の脊柱起立筋は、カヌー選手のような滑らかな輪郭ではない。脊柱起立筋の中の細かい筋群が、それぞれ異常発達しているためではないかと推測する。細かなセパレーションにつながる重要な要素だ。

さらに、大腰筋もカヌー選手に比べるとかなり大きいことがわかる。これは、五百回のシットアップの成果だろう。体の厚みは、大腰筋の異常発達が一つの要素ともいえそうだ。

機能的には、異常発達した脊柱起立筋とともに大腰筋が、脊柱を取り囲むように支え、分厚い腹斜筋や腹直筋（画像上は見えない）がさらに強固に支えていると考えられる。とにかく強い体幹であることが画像からも明らかだ（合戸選手のトレーニングを体験すれば、誰でもわかるはず）。

ボディビルのトレーニングではインナーマッスルが鍛えられないというのは、この画像を見れば簡単に覆すことが可能。結局はトレーニングの仕方次第なのである。

ただし、初心者のうちから合戸式での異常な筋発達を狙ったとしても、絶対的な高重量が扱えないから効果は現れにくい。仮に「ベンチプレスのＭＡＸが五十〜六十キロ」「扱うダンベルは十二〜十四キロ」では、そもそも対象筋に負荷がのる感じがわかりにくいのだ。

特にダンベルは、重たくなければわからない。地力がない段階で合戸式トレーニングをまねるだけでは意味がないといっても過言ではないのである。

いうなれば、合戸式トレーニングは最終形態の一つ。フリーウエイトもマシンも、そのすべてを経験し、重量をしっかり伸ばして自分の形をつくることにより、初めてトレーニーは中級者や上級者になれる。最後の砦《とりで》に挑むのはその後だ。

それは合戸選手も一緒のようで、「最初はベンチプレスで四十キロとか五十キロしか挙がらなかった。それも震えながらだよ（笑）。そこから俺のトレーニングは始まっている。若い頃から今みたいな体じゃないんだから」と笑う。

ちなみに、合戸選手ほどの鉄人にもなると、種目の実施順が変わったところで扱う重量は変わらないそうだ。「体が元気なうちにやれば、重いものが持てるのではないか」と考えるのが普通だが、そう考えないところが合戸流・鉄の意志。

最初にやろうが最後にやろうが、回数も重量も変わらない（変えない）。日によって回数がまちまちになる人もいるが、合戸選手は例外なくMAX重量や回数を毎回挙げるのである。

MAX重量を伸ばすことはもちろん、わずか二・五キロを追求することさえも、精神的には非常に大変なことである。それゆえ、とかく人は楽なほうに流れがちだが、この重量を求めない限り筋肉の発達はあり得ない。

合戸選手はそれを熟知しているから、目標重量が挙がるまでセットが一向に消化されない日もあるほど、執念をもってトレーニングしている――いや、戦っているのだ。

柔道男子日本代表の井上康生監督は、代表選手たちに「異常なまでの執念」の重要性を説いている。競技は違えども、極めた人間の共通項なのだろう。

一セットごとに重量を減らしていくディセンディングピラミッド法において、二・五キロ（左右各一・

二五キロ）刻みの重量減はなかなか減らず、気が遠くなるほど苦しい戦いだ。これをすべての種目で行った日には、永遠に思えるほどトレーニングは長くなり、それがプレッシャーとなってなかなか続かないと合戸選手は話す。

そこでお勧めしたいのは、仮に胸をデカくしたいのならば、まずは胸だけ合戸式を採用してみることだ。それがうまくいき、明らかな変化が見られれば、必然的にほかの部位でも同じことがやりたくなるだろう。

合戸選手のトレーニングルーティンは四分割。

胸&上腕二頭筋・背中・脚・肩に、オフを加えた五日間で回している。

とはいえ、オフには腹筋を行っているため、完全なオフとなると、セミナーなどに出かけたときのみだ。合戸選手がマッスルハウスジム以外でトレーニングを行うことは、絶対にない。中途半端にしたくないというよりも、満足のいくトレーニングができないそうだ。

ちなみにオフの日に行う腹筋も、並大抵のものではない（後述）。しかし、それでも「その日はオフ」と捉えてしまうのだから、もはやトレーニングといえるレベルのセットポイントが上がりすぎているといっても過言ではない。

各部位の種目紹介に入る前に、合戸式の基本構成について記しておこう。

MAX重量を自力で一回程度（限界まで）＋三回補助→ドロップ（左右各十キロ）して、自力で限界まで＋三回補助。一分間のインターバル（脚はそれよりも少し長め）を挟み、次のセットは五キロ（左右各二・五キロ）あるいは二・五キロ（左右各一・二五キロ）減らした重量からスタートする。これを自力限界回数が六回になるまで、永遠に繰り返すのだ。二百キロ近い重量から、たった二・五キロ（左右各一・二五キロ）減らしたところで、変化は感じにくいはずだが、合戸選手は「軽い！」と明確に感じるとのこと。力学的な感覚器官が研ぎ澄まされているのだろう。どうしても力強さに目がいってしまうが、本当は実に繊細なのだ。

02

補助者がいるという安心感が高重量へと駆り立たせる

普段実施するトレーニングの強度について、合戸選手は昔から高強度に尽きると考えている。ただ、現在のトレーニングは、自身の考える高強度からすれば「こんなものではない」との思いがある。一番トレーニング密度の濃かったダブルスプリット時代と比較すると、今は半分くらいというのが本音だ。「もし俺の当時のトレーニングを見たら、きっと『この人は頭がおかしい』って思うんじゃないかな」と合戸選手は言う。

四日間やったら一日オフを挟む5日サイクルのトレーニングルーティンが基本だが、最近ではコンディション次第で急きょオフを挟むこともあるため、サイクルが崩れるケースもなきにしもあらずだ。いずれの種目も、重量を増やせる限りはどんどんプレートを足していくのが合戸式。「まだいける」と思えば、自然と二・五キロ（左右各一・二五キロ）増やす思考になる。

MAXの重量が落ちないように維持していくことよりも、チャンスさえあればより重たいものを目指すのだ。特にオフの時期には、できそうならば積極的に重量を増やしていくという。

ただし、重たいものが挙がればいいというわけではない。「目的の筋肉にしっかりのせられる重さで」というのが大前提になる。前述したデッドリフトはこれに当てはまる。

負荷をかけることによって、いわゆる「焼けるような」感覚が常にあるという合戸選手。あれだけパンプさせられるのは、それゆえだろう。

そしてこの感覚は、なかなか味わえるものではない。セット数が少なければ、なおのこと感じられないのである。インターバルをできるだけ短くして、十セットなら十セット、ねちっこくやり続けることによって初めて感じられるのだ。

そのため、合戸選手いわく、多くの人が「これから」というところでトレーニングを終えている残念なケースは多々あるという。

「もしかしたら、俺にとってはアップ程度のセット数しかやらないこともあるんじゃない？　俺はアップで八セットとかやるから」

そこまで入念にアップを行う理由は、ケガをした経験があるから。合戸選手の場合はさらに、挙上重量がハンパではないからこそ、入念な準備が必要な部分もありそうだ。

事実、そこまで高重量が扱えなかった若い頃は、アップとしてのセット数はそんなに多くなかったそうで、挙上重量に比例してくると話す。

「仮に百キロでアップしたからといって、次のセットで百八十キロはさすがに挙げられない。段階を経ていかないとダメだよ。ただ、扱う重量がそこまで重くないのであれば、ドロップするときにかなり刻んで落とせる。そうすると今度は、回数が増えてくるんだ」と合戸選手。

ＭＡＸの重量が大きくなくても、下げ幅を少なくして回数をこなすことができれば、トレーニングの強度自体は高くすることができる。つまり、ＭＡＸが小さいなら小さいなりの方法で実施すればいいということだ。

ただし、下げ幅は細かく刻まなければならない。仮にＭＡＸが七十キロとして、次のセットを六十キロ、さらにその次のセットを五十キロにすれば、何十回でもできてしまう。

そうではなく、一・二五キロか、あるならば一キロのプレートを駆使して、刻みを細かくする。合戸選手は若い頃から、そうして筋肉をデカくしていったのだ。


ただし、高重量トレーニングには補助者が必須だと合戸選手。補助は合戸式トレーニングの大きな特徴の一つといえるだろう。

高重量を扱うことは、ある意味、危険と背中合わせともいえる。補助がついたほうが、安心してラックから外せるのは間違いない。

もし周囲に誰もいないと、MAXの重量を差したはいいけれど、そこで一抹の不安がよぎるのだ。「もし潰れたら誰もいないな……」と。合戸選手は「よぎった時点で多分潰れちゃうだろうね」と言う。

一方で、サポートしてくれる人がいれば、いざというときには助けてもらえるから不安も解消される。重量を挙げることに百パーセント集中できるというわけだ。

そのようなリスクを鑑みたときに、高重量トレーニングは必ずペアでやるべきだというのが合戸選手の考え。少なくともジム内に「もし危ないときにはお願いします」と声を掛けられる人がいたほうがよいそうだ。

もっといえば、重量を増やしたければペアでやるべきとのこと。自力でやるには限界があり、いつしか必ず頭打ちがくるからだ。可動域のごまかせないベンチプレスなどは最たる例だという。

「俺だって、補助者がいなかったら百八十キロなんて到底挙げられなかったと思うよ。事実、マッスルハウスジムをオープンする前に、ジムに通って一人でトレーニングをしていた頃のMAXは百四十五キロだから」と合戸選手。

二〜三年もの間、ずっとMAXの重量が変わらなかったために、「俺は、ベンチプレスは百四十五キロが最高なんだ」と思っていたそうだ。

それが、自分の城を持ち、真理子夫人という最強の補助者がつくようになってからというもの、たった一年間で三十キロも伸びたというから驚きだ。面白いように重量が増えていったため、その頃のトレーニングが一番楽しかったと振り返っている。ただし通常のトレーニーなら、自分自身でも気がつかないうちに補助者の存在に甘えてしまい、力を出し切らないことで、効果的なトレーニングにならないこともあるだろう。補助の恩恵を最大限に得られるのは、合戸選手のように「絶対に自分で限界まで挙げる！」という鉄の信念で戦いに臨む者だけだ。

なお、補助というと、トレーニングパートナーにしてもらうのが一般的だが、それではセット間のインターバルを短くできない。つまり合戸式トレを遂行するには、補助のみに徹する人がいなければならない。しかも、その補助は、感動的なほど心地よいことも重要だ。実際に合戸選手の補助を受けてみると、違和感が全くなかった。

自力で動くポイントでは一切手を貸さない。動けなくなる境目から補助に入ることで、シームレスに動作が継続できる。また、ダンベルフライでの補助やネガティブ動作での負荷では、ヒジ付近に手袋（合戸選手の場合は園芸用）をした手を当てるのが合戸式だが、これが異常に体の輪郭にフィットし、包み込まれるようでなんとも心地よい。ノンストレスだ。

患者の体に触れて操作する理学療法士の世界でも〝セラピューティックハンド（治療する手）〟といわれるほど、手の使い方が非常に重要となる。指を立てず、体の輪郭にフィットするように手の形を調節して、患者の体をハンドリングすることで緊張を取り除き（心の緊張は筋肉の緊張を高め、無駄な力が抜けないことにつながる）、治療を効果的にする。それに近い心地よさを感じた。

ちなみに、合戸選手の補助を行うのは、いわずとしれた真理子夫人。真理子夫人はトレーニング経験なしにこの補助を体得し、合戸選手は真理子夫人の補助以外は心地よくないという。まさに補助職人だ。トレーニング職人である合戸選手と補助職人の真理子夫人とが組み合わさった奇跡そのものが、合戸選手の肉体なのかもしれない。

高重量トレーニングで補助者が必要なのは、結局胸なら一発しか挙がらないから。そうなると十セットやってもトータルで十回しか挙げていないことになる。それでは筋肥大につながらず、何の意味もない。けれども、補助者がついて一発しか挙がらない重さで三～五回できるのなら、そのトレーニングは確実に効果的で、成長につながる。「自力で一発しか挙がらないといったって、それはラックに戻すだけのパワーがないだけで、余力はゼロじゃない。その余力を使い切ることこそが、筋肥大への道だと俺は思っているよ」（合戸選手）

とはいえ、補助者がつけられないトレーニーもいる。もし一人でトレーニングせざるを得ない場合、合戸選手ならどうするのかと水を向けてみたところ、「一人でやるなら、スーパーセットを使う」との返答。ドロップセットだと、バーベルを使う場合にはいちいちプレートを外していかないといけないという手間が出てくる。それよりもスーパーセットをねちっこく、十セットほどやるのが合戸式だ。

昔から高重量・高強度を追い求めている合戸選手。「基本的に、重たいものを持たない限り大きくならないと思っている」そうだ。軽い重量で効かせることを身上とする選手もいるが、合戸選手にしてみれば、体を見ればそれがひと目でわかるらしい。

「俺は気持ち悪い体になりたかったから（笑）」

あり得ないくらいデカい体にしたいのなら、限界に挑むしかない。それは、きっと全日本のファイナリストに名を連ねるようなビルダーなら、わかっていることなのだろう。

「効かせるトレーニング」と「筋肥大のためのトレーニング」とは、全く違う。そもそも効かせるだけでは、筋肥大はしない。パンプはするけれども、それは一時的なものであって、冷めれば結局元の大きさに戻る。筋肉が大きくなっているわけではないのだ。

トレーニングによって筋線維を傷つけ、修復を繰り返すことで筋肉は大きくなる。さらには、その傷が修復し切らないうちに刺激を入れることでさらに大きく、太くなっていく。

合戸選手が五日サイクルで回しているのには、そういう理由もあるのだ。

仮に、一週間で回すサイクルにすると、一週間たった頃には完全に筋線維の修復は完了している。いうなれば、きれいに治った筋肉にまた傷をつけなければいけないことになるのだ。

それは要するに、ゼロからのスタートを意味する。

五日後であれば、多少の筋肉痛は残っていても、ウオームアップをすればとれる程度には回復しており、そういう状態が実はベスト。合戸選手いわく、パンプ感が違うようだ。

そういう意味では、休息をしっかりとればいいというわけでもないことがわかる。しっかり休めることができている分、調子もいいのではないかと思いがちだが、余計な休息はパンプ感や筋肉の張り感を失う要因となる。

この状態でトレーニングをしても、実はただ疲れるだけだ。重量は上がってこないばかりか、むしろ落ちてしまう。

「俺に限った話じゃなく、誰もが五日サイクルにすれば、絶対に調子はよくなると思うよ」とのことだ。

トレーニング大解剖❶

胸&上腕二頭筋

合戸選手のすごさといえば、骨格いっぱいに詰まった筋肉のずば抜けた密度感、厚み、上半身のバルクなどが挙げられる。部位で見るならば、胸の厚みと腕の太さは特筆すべきだろう。

特に、胸の筋量は異次元だ。合戸選手がフロントダブルバイセプスポーズをとると、トップビルダーでさえも胸が薄く見えてしまうほどである。

そもそもこのポーズでは胸や腕を広げるため、大胸筋はストレッチされてどうしても薄くなってしまい、輪郭がぼやけて立体感が失われやすい。しかし合戸選手は見事なまでに、大胸筋下部の輪郭がくっきり残っている。普段の姿勢でも大胸筋は垂れんばかりであるし、Tシャツを着れば大胸筋下部が突き出して尖《とが》っているようにすら見える。

合戸式胸トレの種目は「ベンチプレス」「スミスUバーインクラインプレス」「ダンベルフライ」「ディップス」の四つ。極めてシンプルだが全身を使うものが多く、ネガティブ負荷を得やすいフリーウエイトばかりだ。マシンばかりの種目構成にすると、なんとなく疲労感の足りなさを覚えるのは、全身を使わないこと、そしてネガティブ負荷が低減してしまうことが大きな理由だろう。たとえつらく、面白くなくても、王道のフリーウエイトに向き合わなければ、得るものも少ないということだ。

ただし、いずれも十セットほど行うため、トータルは四十セット程度に上る。並の量ではない。また、スミスマシンやケーブルマシンでは、徒手でのネガティブ負荷を加えることで、マシンのデメリットである摩擦抵抗によるネガティブ負荷の低減が起こらないよう配慮されている。

まずは、大胸筋を最大に引き伸ばすための工夫であり、合戸選手のトレーニングDVDなどでもお馴染みの「パッド」と「Uバー」について解説しよう。

パッドは、ハーフサイズのフォームローラーを縦半分にした半円形のものが基本。これを縦にした状態で胸（胸椎）の下に敷き、ベンチプレスを行う。これによって高いブリッジを強制的に組むこととなるのは、容易に想像がつくだろう。しかしそれだけではない。フォームローラーによって、胸は背中側から押し上げられているが、肩甲骨の動きには高い自由度が与えられるのだ。

バーベルの重量は腕の骨を伝わって肩甲骨に達し、肩甲骨を外側上部から押し下げる。この動きは肩甲骨の寄せ（内転）だけではない。後ろに傾く動き（後傾）と、胸が横に開く動き（肩を後ろに引く動き、鎖骨の外側端が後ろに移動する動きを指す）とが合わさったものだ。通常、肩甲骨は前傾し、正面に向かって両サイドからやや閉じている。これを真逆にもっていくことにより、大胸筋は大きくストレッチされる。そして、小胸筋や前鋸筋までもストレッチされ、肩甲骨を支えるために鍛えられてしまう。ベンチに肩甲骨が押しつけられている通常のベンチプレスとは全く異なるのだ。

一方、Uバーから得られる刺激は想像しやすいのではないだろうか。

例えばスミスマシンのプレス動作では、Uバーの凹部分に体が入り込み、ボトムでの可動域が数センチ深くなることで強烈なストレッチ刺激が得られる。この数センチが大切なのだ。通常のスタティックストレッチでも、最後のわずか数センチでしか得られない、強烈なストレッチ感がある。ネガティブ動作のトレーニングでは、これこそが重要な領域であり、その領域を逃さず、さらに深めるのがUバーというわけだ。

スミスマシンにUバーをセットしているため、バーベルは体の硬い部位から逃れることなくまっすぐ下りてくる。これも刺激を逃さない大切な要因かもしれない。

合戸選手はここに、ベンチプレスでも登場したパッドを組み合わせる。そうすることで、下からはパッドで突き上げられ、上からはUバーにプレスされる。「前門の狼、後門の虎」とは、まさにこのこと。挟み潰される感覚は未体験ゾーンである。

さらには補助者がマニュアルレジスタンス（徒手抵抗）でネガティブ動作に負荷を加えることで、最大級の伸張刺激を得ることとなる。

部位の鍛え分けとしては、フラットでのベンチプレス（パッド）ではブリッジが高く、肘を張るフォームのため、大胸筋下部や外側への刺激がメインながら、中部にも強烈な刺激が入る。これに対してスミスUバーインクラインプレスでは、大胸筋上部および中央部への刺激が強烈なものとなる。

この二種目だけでも十分と思えるが、最後にマニュアルレジスタンスでネガティブ動作に負荷を加えるダンベルフライやディップスを行う。ケーブルクロスオーバーや、ペックデックフライなどの収縮種目（筋肉が短縮したところで最も負荷が加わる種目）は行わなくても十分とのこと。筆者も合戸式胸トレを行った後は、大胸筋のパンプがすさまじく、胸部中央の溝が明らかに深くなり、大胸筋下部は垂れ下がるほどだった。もちろん今までに得られたことのない反応である。

ちなみに、パッドによって上体とベンチとの接地面積が減るため、トレーニング中の安定性は著しく損なわれる。そのため、グラつきを止めようと腹筋群を強烈に使うことが実践によってわかった。全身を使うことで大胸筋への刺激を最大化したトレーニング、といえるだろう。

胸と同時に行う上腕二頭筋のトレーニングは、バーベルカールとケーブルマシンプリチャーカールの二種目。各十セットで、トータル二十セット行う。

バーベルカールはストレートバーで実施する。ストレートバーでは前腕の回外が強制されるため、本来なら動きとしては理にかなっていない。ケガにつながるリスクもある。だがしかし、上腕二頭筋をフル収縮させることを考えると、理にかなっているのだ。この種目で、途中で動作が止まる人と最後までヒジを屈曲できる人とでは、上腕二頭筋の収縮度合いが異なる。効かせるためには、効かせられる関節可動域をつくっていく必要があるということなのかもしれない。

合戸選手の場合、柔軟性が高いことに加え、ありとあらゆるギアを駆使することで、関節へのストレスを減らす仕組みができている部分もあるだろう。加えて、チーティングを使わざるを得ないほどの高重量を扱っているのだから、嫌でも効いてしまう。

見逃せないのは、このときに前腕の筋肉もすべて隆起している点だ。合戸選手のトレーニングが面白いのは、普通はターゲットとするパーツになるべく絞って、効くように工夫するところを、すべての筋群がMAXに働くほど強烈な負荷をかけてトレーニングしていること。「上腕二頭筋を最大限に大きくするためには、前腕の回外を最大にしなければならない。その上で、前腕部にも効いてしまうほど重たい重量を扱う。上腕二頭筋を最大限追い込めるなら、なんでもする」という発想なのだ。それはアームカールでありながら全身運動といっても過言ではない。先述した通り、ベンチプレスで腹筋群を強烈に使う必要があるのと同じだ。

ケーブルを用いたプリチャーカールは、ネガティブ負荷のかかる角度がちょうどよい。バーベルカールの場合はネガティブ負荷がかかるのは一瞬だ。それもあって、筋肉痛が起こりづらいともいえる。ところが、マッスルハウスジムのケーブルプリチャーカールは、ヒジが曲がってハマったところから伸び切る寸前までグッと引っ張られるため、全域にわたってエキセントリックな負荷がかかる。その要因は、ケーブルの角度とプリチャーカールベンチの角度との絶妙な設定だろう。その点では、非常に力の出しやすい種目だといえる。

トレーニング大解剖❷

背中

続いては、背中だ。合戸選手が実施するのは「トップサイドデッドリフト」「ベントオーバーバーロウ」「マシンロウ」「ラットプルダウン」「ロープーリーロウ」の五種目である。

デッドリフトは十セット、マシンロウは十セット＋ネガティブ負荷をかけて四セット＋軽負荷・高回数で二セットの計十六セット。そしてベントオーバーバーロウ、ラットプルダウン、ロープーリーロウは各五セットだから、背中としては合計四十一セットがベースとなる。

全種目において背中全体に効かせることを狙っており、上背・下背のように分けて鍛えることはしない。そうした考えの下に種目やフォーム、重量が設定されている。すべてのパーツに効かせるため、当然のように高重量で行う。胸と同様、背中も肩甲骨と胸椎をしっかり使えないと、刺激は入りにくいだろう。

目に見えないが、合戸選手は菱形筋や脊柱起立筋などもかなり発達していることが容易に推測できる。目に見える僧帽筋はもちろん、子どもが見ても異様と感じる発達具合だ。あり得ない背中の厚みは、そうでなければ体現できない。そして背中だけでなく、体全体の厚みは、前側の筋肉の異常発達と合わさってこそのものだ。大胸筋だけによるものではない。大胸筋、小胸筋、前鋸筋、肋間筋。とにかくすべてが大きいから分厚いのである。なお、僧帽筋上部をターゲットとするショルダーシュラッグは行わないが、背中のトレーニングで十分に効いているといっていい。

合戸式ともいえるトップサイドデッドリフトは、あまりにも有名だ。肩甲骨を開きながら上背部を丸め、肩甲骨を寄せながら上背部を反る動作を行う。上背部は大きく動かすが、下背部はそこまで動かさないため、腰のケガのリスクは少ない。デッドリフトで背中に効かせることができない人にとって、活路を開く種目といえるだろう。合戸選手がトップサイド方式を採用するのは、腰を痛めるリスクを回避するためだ。床から引くと、引き始めの負荷がすべて腰にのってしまうのである。

トップサイド方式であれば、特に背中の上部から中部にかけて効きやすいが、扱うのは超高重量だから嫌でも背中全体に刺激が入る。とにかく重たいものを全身で挙げるという発想であり、最も使われているのが背中、ということなのだ。そのなかでも重量はある程度調整し、引く感覚を重視している。

否応なしに刺激が入るため、自分の弱い部位が浮き彫りになる。筆者が実践したところ、前腕や臀筋の疲労が強く、トレーニングベルトで守り切れなかった腰の最下部が爆発寸前まで追い込まれた。自身の弱いところがすべてバレてしまう種目と断言できる。

一般の人にとっては、この種目で体の形をつくるのは難しいと筆者は推測する。「厚さだけでなく、広がりも獲得できる」と合戸選手は言うが、相当うまく体を動かせなければ、効果は少ないはずだ。簡単に見えて意外に難しい動きなのである。なかでも、肩甲骨や胸椎のコントロールは難しく、うまくないとこの種目の良さを生かせず、効きも悪くなるだろう。

Uバーを用いるベントオーバーバーロウも、実に興味深い。通常は可動域を広げる目的であればダンベルで行うが、バーベルに比べると、やはり動きが安定しにくい。「可動域を取るか、安定を取るか」という問題だ。マシンならば可動域も安定性も確保できるが、ネガティブ負荷や、脊柱起立筋のような姿勢維持のための筋肉への負荷が減ってしまう。全身運動にならないのだ。それを解決するのがUバーロウである。

デッドリフトが脊柱起立筋をメインターゲットとしているのに対して、ベントオーバーバーロウは肩甲骨と上腕骨の動きの関与が増えるため、広背筋、僧帽筋、菱形筋など、より表層の筋肉に効いてくる。

マシンロウは、最初の十セットは自力でできるまで＋補助五回。その後は、真理子夫人によるネガティブ負荷をかけて限界まで（十〜十三回程度）を四セット。最後に二セットほど、軽めで回数をこなす（十五回＋補助五回）、という具合だ。胸の部分にサポートとなるパッドがあるため、脊柱起立筋をほとんど関与させることなく行える種目であることから、さらに表層筋への刺激が強くなる種目である。

ネガティブセットに関しては、ほかの種目も同様だが、補助者との呼吸が重要だ（合戸夫妻に関してはなんの心配もないが）。マシンロウの場合は胸にパッドがある分、比較的安全に行えるが、キツいことに変わりはない。そもそも背中でこれほどに大きなネガティブ負荷を、広い可動域でかけることは難しく、広背筋や僧帽筋中・下部の筋肉痛が起こりにくい人も多い。そういう意味でも大事な種目である。

合戸式ラットプルダウンでは僧帽筋と菱形筋の関与がなくなり、広背筋がメインターゲットとなる。合戸選手の場合は手幅を狭くして（肩幅程度）、アンダーグリップで行う。これは理にかなっており、肩甲骨のつき方を考えれば、決して手幅を広くとる必要はない。しかも、そのほうがストレッチがかかる。手幅をある程度広くとって効かせるテクニックももちろんあるのだが、刺激が入るのは外側だけだったり、かなり弱い力しか出せなかったりする。いうなれば、形をつくる彫刻の作業に近く、十分な大きさを得ることはできない。バルクをつけたければ大きな力を発揮しなければいけない、というわけだ。

最後はロープーリーロウ。引き切ったところで動作を止め、真理子夫人がプレートの上に乗ることでネガティブ負荷をかける。これは背中全体に効く感じだ。マシンロウの場合は広背筋上部の関与が強いが、ロープーリーロウは広背筋下部がターゲット。まずはラットプルダウンで効かせ、その後にロープーリーロウで前から後ろに引く。動きの方向を変えることで、効く範囲にわずかな差を生み出し、まんべんなく鍛えることができるプログラム構成になっている。

トレーニング大解剖③

脚

合戸選手の脚の種目は「レッグエクステンション」「フルスクワット（セーフティースクワットバー）」「マシンスクワット」「レッグプレス」「レッグカール」。最後に「レッグエクステンション」をもう一度行う。トータルのセット数は三十～三十五セットの間。ケガの影響もあり、昔よりはるかに少なくなったとのことだ。かつては、レッグエクステンションだけで二十セットというから、震えるしかない。

合戸式は、最初にレッグエクステンションで大腿四頭筋を事前疲労させ、その後に超高重量のスクワットに臨む、というものだ。スクワットの大腿四頭筋への効きの悪さがその理由の一つだが、スクワットが超高重量であることから、ケガのリスクを少しでも抑えるための手段でもある。

マッスルハウスジムのレッグエクステンションマシンは、負荷のかかるポイントが素晴らしく、トップでの収縮感が非常に強く、抜けにくい。トップでトルクがわずかに減り、ギュンと入るのだ。同じトルクがかかっていると最後まで蹴り切れないのだが、少し軽くなるためにこのような強い収縮感が得られる。

一番おいしいところをしっかり味わえるマシンなのである。

合戸選手が日本選手権を制し、国際大会でも活躍していた時期の写真を見ると、大腿四頭筋の隆起がハンパではない。そして深いカットの原因は、間違いなくレッグエクステンションによる完全収縮の賜物だ。収縮感が強い種目というだけでも価値があるのだが、さらに、真理子夫人によるネガティブ負荷が加わる。

――隙が見当たらない。ちなみに筆者は午前中にこれを三セット行っただけで、夕方には既に筋肉痛が起こっていた。一種目目から徹底的に大腿四頭筋を追い込む点では、「事前疲労」というよりも「事前オールアウト」といったほうが正しい。その後の超高重量スクワットで、膝が抜けてしまうような危険性もあるだろう。その恐怖に打ち克つ不屈の精神で追い込むのだ。

その後はセーフティースクワットバーによるフルスクワット。超高重量に挑むためには一般的なバーベルスクワットでは難しく、その結果としてセーフティーバーを用いるようになったという。

これには、バーベルスクワットの良さとレッグプレスの良さとが組み合わさっている。

バーベルスクワットの場合、肩の外旋可動域が足りなかったり、手首が硬かったりしてバーベルを担げない人が出てくる。一方でバーベルを担ぐことさえできれば、動作中、姿勢保持のために全身のさまざまな筋肉が働くのが大きなメリットだ。

一方のレッグプレスは、実施時に上半身の可動域や柔軟性を問わず、また姿勢がぐらつくこともないため、狙いの下半身にしか効かない。全身の筋肉をすべて使い切る合戸選手のトレーニング哲学には合わないし、メイン種目にもできないだろう。合戸選手は過去の実体験から、「メイン種目はフリーウエイトでなければ、迫力のある体はできない」と導きだしているのだ。

両者のメリットを兼ね備え、デメリットを解決するのがセーフティースクワットバーである。セーフティースクワットバーはバーを握る必要がないのに、全身を鍛えることができる。それでいて超高重量の負荷がかけられるのだ。さらに、自身の手をフリーに使ってラックなどにつかまれるのは、補助者の安全を考えても大きな利点といえるだろう。

筆者も実際に体験してみたところ、動作中に体が横に回転してしまった。筆者の場合は、扱った重量が通常行っているバーベルスクワットよりも重すぎたため、体が制動し切れないことによってそのことに気づけた。すなわち、普段から行っているバーベルスクワットでも、気がつかないレベルでこの現象がわずかに起こっているということだ。これは大事な気づきだ。レッグプレスならなおさらそのような現象に気づくことはないだろう。気づかないうちに左右差が助長されている危険性があったのだ。普通なら「左右で違う気がする…」という曖昧な感覚が、より高重量を扱えるセーフティースクワットだからこそ、明らかに動きに表れたのだ。このことが、合戸選手の動作を必然的に整えることになったかもしれない。いや、整えなければ大きなケガが頻発しただろう。高いレベルで選手生命をここまで保っている奇跡は、偶然ではなく必然だったのかもしれない。

この二種目でかなり疲労し、細かい筋肉も使っているため、ここからはマシンを用いた安全種目に入っていく。レッグエクステンションとフルスクワット（セーフティースクワットバー）で追い込み、マシンスクワットで余すところなく負荷をかけるわけだ。レバレッジのマシンスクワットは、セーフティースクワットバーのフルスクワットを超えるしゃがみ具合だ。フルスクワットである。前者は、かかととお尻がしっかりとつくまで、ベッタリとしゃがんでいる。途中で切り返したほうが重量は挙がるし、足関節や股関節が硬ければ、そもそもしゃがみ込めない。しゃがみが浅いと大腿部の筋量は増えにくく、美しい形をつくるために股関節に近いほう（近位）も発達させたいと思えば、股関節がしっかり曲がるほどの深いしゃがみ込みが必要である。

この後はレッグプレス、そしてハックスクワットと続く。お気づきの方もおられるだろうが、脚に関しては、「こんなにやるの？」というほどにスクワット系種目が多い。セーフティースクワットバーのフルスクワット、レバレッジマシンのフルスクワット、レッグプレスにハックスクワット……。これも大きな特徴といえる。

思うに、「四の五の言わずにスクワット！」という発想ではないだろうか。全身の筋肉を最大限動員して、ターゲットを限界まで導く、泣く子も黙る合戸式だ。もちろん、それらだけでは足りないし、また、深いカットも刻み込めないため、レッグエクステンションとレッグカールで締めくくっているのだろう。

レッグカールもいたってノーマルなウエイトスタックマシンのプローンなのだが、これが筆者のトレーニング歴において最も衝撃的だった。このときの痛みは、後にも先にも味わったことがない。何をしても痛みがとれず、座っていられない。けれども、立って歩いたところで何も変わらない。ある程度時間がたたないと収まらないのだ。なぜなのか、ハッキリとはわからないが、おそらくは筋区画の内圧上昇によって循環障害が起こり、筋や神経の機能に支障を来すコンパートメント症候群に近い状態まで追い込まれてしまったためと考えられる。パンプしすぎたために、血流が悪くなっているのではないか——というのが筆者の見立てだ。血液がうまく流れないのか、あるいは神経が圧迫されているのか。合戸選手は筆者がそうなることを予想していたことからも、合戸式においてはよくあることなのだろう（地獄の苦しみでしかないのだが……）。

裏を返せば、そうなるまで頑張らなければいけない、ということ。これは「まだ追い込み切れていないぞ」という合戸選手からのメッセージが多分に含まれていると筆者は受け取った。

最後に再びレッグエクステンションを行う。ここでは、最初には入れなかったネガティブ負荷を加えるセットが入ることで、筋線維を痛めつけ、完全にオールアウトさせようという狙いがある。

筆者は合戸式脚トレを経験し、量も強度も足りていなかったと痛感して以降、明らかに脚トレのボリュームが増えた。そして何より、間違いなく心の限界値が広がったと自負している。もちろん、脚の仕上がりもかなりよくなった。このパーツはトレーニングの限界の定め方次第で、本当に差がつく。

トレーニング大解剖④

肩

最後は肩の種目。合戸選手は「バーベルフロントプレス」「スミスマシンUバーバックプレス」「ダンベルサイドレイズ／マシンサイドレイズ」を実施する。

昔は三角筋後部をターゲットとするリアレイズなども行っていたが、右記種目だけでも十分になってきたそうだ。しかも、二〇一六年にケガをするまでは、扱う重量が伸びていたというから驚きだ。年齢など関係ない。限界を定めない心の強さが肉体を導くのだ。

胸や腕が大きいため、肩が貧弱に見られがちだという合戸選手。腕が太くなれば肩が小さく見え、肩が追いつけば、もっと腕が欲しくなる――筋肥大の無限ループだ。だがしかし、これこそが常人には到達できない肉体への道なのである。

バーベルフロントプレスはシーテッドで、自力での限界回数＋補助三回。そしてバックプレスはUバーを用いてスタンディングで、自力での限界回数＋五回補助。各十セット行う。この二種目で三角筋は十分なほどに筋力発揮し、筋線維をくまなくオールアウトさせている。

フロントプレスは合戸さんいわく「大胸筋上部にも入る」とのこと。三角筋のフロントヘッドとオーバーラップさせるくらいでちょうどよいのだという。

そしてバックプレスでは、三角筋のサイドヘッドとリアヘッドに刺激が移行する。厳密にいえば、バックプレスにおけるリアヘッドの関与は少ないはずなのだが、Uバーで行うことからボトムポジションがかなり深く、可動域を非常に大きくとるために、通常の方法とは違ってリアヘッドもパンプしてくるのだ。胸の日に行うインクラインUバーベンチプレスと同様、限界に近い伸長領域での筋収縮の重要性は、ここでも見て取れる。

ちなみに、バックプレスの重量が重くなってくるとキツいため、勢いのままにバーを置きたくなるのだが、そうするとUバーが反動で返ってしまい、引っかからない危険性がある。合戸選手は実際に二～三度経験しているそうだが、そのときは瞬間的に「未知の力」が入ったという。

「ここまでは準備運動みたいなもんだから」と合戸選手。三種目目はダンベルサイドレイズとマシンサイドレイズ（通称・ガンダム）のスーパーセット。サイドレイズはスタンディングで行う人が多いが、合戸選手はシーテッドで実施する。ベンチの端ギリギリに座り、やや前傾するくらいでダンベルを脚の下に入れた位置からスタート。このほうが、スタンディングよりも腰への負担が少ない。

最初は、ダンベルとマシンの両方でそれぞれ自力での限界回数＋補助三回を五セット行う。その後はネガティブ負荷を加える形で、もう五セット。その最終セットはトップサイドで十五秒キープして終了する。肩に関してもネガティブ負荷は重要と捉えており、特にダンベルサイドレイズのネガティブ負荷は、「とにかく効く」と合戸選手も効果を強く実感している。肩もまた、ネガティブの負荷がかかりにくい部位であるため、この種目でしっかり三角筋を痛めつけていく。

そして特筆すべきは、何といってもサイドレイズマシンだろう。マッスルハウスジムのオリジナルで、試作を重ねた末の四台目とのこと。負荷が三角筋に集約され、トップで強い収縮感が得られる。ダンベルサイドレイズとのスーパーセットでフルパンプは間違いない。

この三種目で、肩はトータル二十四セットとなる。

Column 1 合戸式ダブルスプリットの驚異

最初に言わせていただくが、合戸選手がかつて行っていたダブルスプリットは、ダブルスプリットではない。1回のトレーニングを2回に分けて実施するのがダブルスプリットであり、合戸選手は1日に2回トレーニングをしているだけ。さしずめ「ダブルトレーニング」といったところだろう。スプリットの概念は、そこにはないのだ。

とはいえ、そういったところから合戸選手の尋常ならざる心の強さがうかがえる。発想も意識も、とにかくすべてにおいて次元が違うのである。これなら、大きく強い肉体にならざるを得ない。そして本当にトレーニングが好きなのだと筆者は感じている。どんなにつらく苦しいものであっても、トレーニングにネガティブな気持ちは一切ないのだろう。体が大きくなることが何よりもの成功報酬なのだ。

これだけ濃密なトレーニング生活であれば、脂肪がつく暇はない。何をどれだけ食べても太れないはずだ。ところが、合戸選手は一般人並みの食事しかとらずして（後述）、1年間に3kgずつ増えていったという。こればかりは筆者にとっても推測できない最大の謎である。

筆者も背中と胸のダブルスプリットに挑戦したが、関節がもたなかった。もう少し若ければ問題なかったかもしれないし、人によって現れる症状は異なるだろうが、いずれにしてもこの形式を続けていけるかといえば難しい。ただ、1つ言えるのは、「やれ」と言われても筆者は絶対にやらないということである。

07

腹筋五百回は休日に

合戸選手はここまでに詳解した四分割とオフの五日サイクルでトレーニングを回していく。しかし、完全休養日はない。オフと呼ぶ日には腹筋を行うのだ。オフの日のトレーニング解説が必要なビルダーは、合戸選手くらいだろう。

しかもその内容は、インクラインケーブルシットアップ五百回とインクラインシットアップ百回。インクラインケーブルシットアップの負荷は四十五キロからスタートし、途中少しずつ落としていくが、五百回は連続で行う。動けなくなったらボトムポジションで少し休み、すぐに再開するのだ。一度腹筋台にセットしたら、完遂するまで降りることは許されない。

そんな狂気のトレーニングでもオフと捉えてしまうのだから、常人とは根本的な考え方が違う。けれども、これが現在の肉体をつくり上げてきたのも、また事実。普通ではとにかくダメなのである。

まず、五百回という回数に心が折れる。ちなみに、所要時間は三十分。できるかどうかは、合戸選手いわく「心の問題」だそうだ。加えて、「まずは二百回から始めてもいいけど、そのうちに欲が出てきて、結局五百回に達してしまうものなんだよ」とも言う。

「（この腹筋のトレーニングボリュームは）オフじゃないですよね……？」という筆者の言葉に対し、合戸選手は「俺にとってはオフだよ。気持ち的には。慣れだよ、慣れ」とサラリ。しかしながら、それを受けた真理子夫人の「でもオフモードだから、結構面倒臭がるよね」との指摘には、さすがの合戸選手も苦笑いだった。

ところで、なぜ五百回も行うのだろうか？

合戸選手は「遅筋である腹筋とカーフは回数重視」という考えの下、このプログラムにしている。昔は例えば腹筋なら、七十キロ×十回＋補助十回で行っていたそうだが、さして変化が見られず「これでいいのだろうか」と疑心暗鬼になったこともあるらしい。

そんなときに「回数をこなしたらどうか」と思い立ち、実践したところ、とてもよい反応が得られたのだという。溝が明らかに深くなり、パーツ自体も大きくなったことから、この方法が定着したそうだ。ほかの部位と同様、試行錯誤の跡が見て取れる。最短距離でたどりついた方法というわけでは、決してないのだ。だからこそ、言葉の重みが違う。

筆者はこの腹筋を二度ほど実践したが、そのなかで感じたのは「やろうと思えば、意外にできてしまう」ということ。要するに、今まで実践してこなかっただけのことなのだ。そしてそれこそが、発達を止めている大きな原因なのである。「そんな無茶なトレーニングなどできない」と、やりもしない。もしくは編みだそうとせず、思いつきもしない。ほとんどの人間が思考停止しているのだ（ただし、それを長期間継続できるかどうかは全く別問題である）。

誰に言われずとも、そういうことができているのが、本当のトップ選手なのだろう。つまり、「こんなもんかな」の程度の次元が違う。合戸選手の場合、腹筋なら負荷をかけても五百回でないと不十分なのだ。

この方法のメリットとして、ウエストが細くなることが挙げられる。

腹筋をしすぎるとウエストが太くなるイメージがあるが、合戸選手の方法には引きしめ効果があり、ウエストが絞れてくるそうだ。一九八〇年のミスター日本で、〝筋肉博士〟としてもお馴染みの石井直方教授（東京大学）も、かつて五百回の腹筋を行っていたという。

昔のボディビルダーはウエストが細く、力強くも美しいフィジークをした選手が多かったのは、このようなトレーニング方法が背景にあるのかもしれない。

Column 2 ギアや重量ドロップへのこだわり

合戸選手のトレーニングを実行するにあたって、ギアはなくてはならないものだろう。すべてをあますことなく鍛えていこうとすれば、どうしても壊れてしまう関節はあるから、保護しなければならない。

特筆すべきは、保護の仕方のアイデアが秀逸であること。例えば、ヒジが伸ばされすぎて痛いのを解決するのに、一般的なサポーターを装着することで保護する、という発想にはあまりならない。サポーターの役割はどちらかというと、曲がり過ぎを防ぐものだからだ。ナイロン製トレーニングベルトの2枚重ねにせよ、サッカー用のストッキングベルトを手首に装着することにせよ、合戸選手が言わないだけで、実はよく考えられている。

「おぉぉっ！　俺に痛みがきたか！」。合戸選手は痛みに対して、このような反応をすることがある。体への危険信号である痛みにも、真正面から対峙してしまうのだ。ギアやフォームでそれを解決すれば、またデカくなれる。生物の本能ですら、筋肥大の欲求を上回れないのだ。

そして、メインセット以降は重量を落としながらセットを重ねるのも、合戸式トレーニングの特徴だが、その落とし幅が5kg（左右各2.5kg）、時には2.5kg（左右各1.25kg）という点も見逃せない。体験した筆者だから、はっきり言おう。トレーニングが終わらない！　しかも、2.5kg落としたところで、筆者ごときには軽くなっているとは全く感じられないのだが、合戸選手には確かな実感があるらしい。

不幸中の幸いは、マッスルハウスジムに0.5kgプレートがなかったこと。落とし幅が1kg刻みになった日には、無間地獄へといざなわれていただろう――。

08

食の細さを助けるサプリメント

合戸選手というと尋常ではないトレーニングに目が行きがちだが、食事、栄養摂取についてはどのように考え、実行していたのだろうか。

聞くと、トレーニングを始めた当初は、いたって普通の食事を食べているのみ。トレーニングさえすれば、体は大きくなると信じて疑わなかったという。その頃からプロテインを飲んでいる人もいたが、サプリメント＝薬と思っていたことから、なぜ薬を飲んでまで筋肉をつけなければいけないのかと思っていたそうだ。

「イメージとしては『プロテインを飲むこと＝ドーピング』の感覚だよね。だから、あの白い粉を飲むとデカくはなるけれど、俺はそんなものには頼らないって思ったんだ」

サプリメントが今ほどに普及していなかった当時は、そういった誤解も珍しいことではないだろう。

プロテインを飲むようになったのは、本格的に体を鍛えることを志してから。一～二年ほどトレーニングを継続しても体が変わらなかったこと、通っていた沖ヨガ道場のオーナーに「とったほうがいい」とアドバイスされたことがきっかけとなった。このときにようやく、プロテインはタンパク質だと認識したという。

そこで飲み始めたのが、健康体力研究所（Ｋｅｎｔａｉ）の缶に入った大豆プロテイン。朝・昼・トレーニング後の一日三回だ。ところが、当時のプロテインは消化が悪く、腹が張るのが苦痛だったと合戸選手は振り返る。

「朝と昼に飲むと、夕方まで腹が張る。夜トレーニングするのに、腹が張ってベルトが締まらないんだ。『こんなんでトレーニングできんのか？』って思ったもんだよ。プロテインがずっと腹の中にある感じだった。それを考えると、サプリメントの進化は本当にすごい」

ちなみに、この頃には「食べないと大きくなれない」と、トレーニング後のプロテインでおなかをパンパンに張らせながら、無理やり食事もとっていたそうだ。それでも若かったから、食事量は多かったという。

この頃からＫｅｎｔａｉのサプリメントを活用していた合戸選手だが、ジム仲間の注文に便乗する形で、海外製品を利用したこともある。ところが、海外製品は価格が高い上に、炭水化物が多く含まれており、今でいうウエイトゲイナーに近かったそうだ。

ところが、これが奏功した。あっという間に体重が増えたというのだ。「その多くは脂肪だけど、見た目には明らかにデカくなった。もともと大食いでもないし、体重がそんなに増えるタイプじゃないから、一気にモチベーションが上がったよ」

とはいうものの、甘味が強いことから、そんなに長くは続かなかったとのことだ。

筆者が気になるのは、ダブルスプリット時代。一日八時間、それも超高重量トレーニングをやり切るには、エネルギー摂取が欠かせないはずだ。

しかしながら実際には、それ以前とほとんど変わっていないらしい。一回目のトレーニングが早朝から始まるため、起床後はプロテインのみで、固形物は一切とらない。トレーニング後にタンパク質を意識しながらもバランスのとれた定食タイプの昼食をとり、夕食は好物の鶏の唐揚げや中華など、一般人と変わらないメニューだったという。体を大きくするため、積極的にご飯はおかわりし、今に比べれば食事量は多かったが、人が驚くほどに食べるわけではなく、一日二食が限界だった。おなかが空いたら食べるという感じで、間食にはバナナを好んで食べていたそうだ。

サプリメントもタンパク質程度。この頃には栄養価の高さに目をつけ、粉ミルクを愛飲。脂質の最も少ない商品を、一ヵ月に二缶ほど消費した。合戸選手は粉ミルクで大きくなったと断言する。

しかしながらこの食事内容で、ダブルスプリットを完遂できるとは……。

「俺だって思うよ。よく一日八時間トレーニングしていたな、って。その頃は『トレーニングさえすればデカくなる』と信じて疑わなかった。だから、栄養のことはあまり意識していなかった。絶対量は確実に足りていなかっただろうね」

加えて、トレーニング中に口にするのは水だけだったにもかかわらず、エネルギーが枯渇することもなく、「元気百倍！」だったそうだ。

「そういえば昔、井上浩君に言われたことがあったよ、『合戸さんはゴリラと一緒ですよ』って（笑）。そんなに量を食べないのに筋肉がついちゃうんだから、と。でも今思うと、昔はデカいっていっても、今みたいなデカさではなかったよね。普通だった」

「若いうちはトレーニングすれば成長する」と合戸選手。ただ、その時分にもっと栄養について考え、まんべんなく摂取していたなら、ケガは減らせたかもしれないと話す。

そんな合戸選手を支えるのが、Ｋｅｎｔａｉのサプリメントたちだ。今では、ありとあらゆるものをまんべんなくとるようになった。五十歳を超えてなお現在の活躍ができるのは、サプリメントのおかげにほかならない、ということだろう。

妻・真理子の証言

「今を目いっぱい生きる主人を支えるのみ」

主人と初めて会ったときのことは、今でもよく覚えています。主人と私の母が通っていたジムは、ボディビルダーの会員さんが多くて、結構いい体をした方が多かったんですけど、主人はなかでもひときわ大きかった。初めて見たマッチョにテンションが上がって、腕にぶら下がらせてもらいました。

私は進学のため、神奈川県平塚市に引っ越すことが決まっていました。そのときに男手があったほうが何かといいからというので、手伝ってもらったのをきっかけに時折、平塚まで来てくれるようになって。

「ご飯でも食べに行こう」と、美味しいものを食べさせてくれました。

ひと回りも離れていますし、私にとっては優しいお兄さんという感じでした。きっと主人も、地元を離れて一人で暮らす妹を心配するような気持ちではなかったかな、と思います。それがいつの間にか一緒にいる時間が増え、ましてや結婚することになるとは、このときには思ってもみませんでした。

専門学校を卒業した後、私の身の振り方は「平塚で就職する」か、「藤枝に戻って就職する」かの二択。地元に戻ったとしても実家に帰らず、主人と一緒に暮らそうという話をしていました。ところが当時は、結婚前の二人が一緒に暮らすケースは珍しく、世間一般的にもあまり受け入れられるものではありませんでした。周囲から「結婚は？」と聞かれることも多かったですね。私自身は、まだまだ先の話だと思っていたのですが、このままいけばいつかは一緒になるだろうから、それなら今でもいいんじゃない、と入籍することにしました。

とはいえ、プロポーズの言葉があったわけでもなく、婚姻届も私一人で提出にいきましたし、これまでの生活となんら変わらないので、実感が湧かなかったのが正直なところです。

この頃の主人はトレーニングから離れていましたが、新婚旅行でアメリカに行き、ボディビルのメッカを巡ったこともあって、トレーニング熱が再燃してきている様子はありました。ジムをやりたいようなことは前々から言っていたのですが、自宅を改装すると言ったときには驚きましたね。でも、私に打ち明ける頃には、主人の頭の中には既に構想ができ上がっていたんです。

本当は、私は主人にはトレーニングをやめてほしかった。けれど、諦める気配がありません。そしてある日ついに、「自分の気持ちを通したい」と言ってきました。主人が言いだしたらきかないことはわかっているので、やるしかないと観念しました。いざ始めてみると、ジム作りは意外に楽しかったですよ。生コンクリートを素手で触って失敗したこともありましたけど（笑）、我ながら壁紙を貼るのが上手でしたし、手作りマシンにパッドを取り付けたり、色を塗ったりすることも夢中になってやりました。

思えば、主人との付き合いが始まった頃からずっと、何かするときはいつも二人で、というのが常でした。お互いがそれぞれ好きなことをするのではなく、一緒にいるのだから同じことをするのが当たり前だったんです。それに「筋肉を大きくするためには補助者についてもらって、午前と午後に分けてトレーニングするのがいいらしい」と言う主人の口ぶりから、トレーニングを再開すれば、私が補助をすることになるだろうな……という予感もありました。

ただ、ダブルスプリット時代は本当につらかった。冗談でもなんでもなく、当時の記憶があまりないんです。午後のトレーニングが終わると、ホッとするのですが、すぐに朝がやってくる。三百六十五日トレーニング漬けでした。主人は「トレーニングが終わったら自分の時間だからね」と言ってくれるのですが、なかなか切り替えもできなくて……。私にとっては食事やおやつの時間が至福の時でした。

今では、Ｋｅｎｔａｉさんのお仕事の関係で家を空けることもありますが、この時代はずっと家にいますから、四六時中顔を合わせるわけです。あまりに一緒にいすぎて、ケンカになることもありました。でも主人は、年上で論理的に話す主人に、口では太刀打ちできないし、私はとにかくすぐに謝っていました。年私が全く反省していないのに謝っていることも、すべて見透かしているんですよね（苦笑）。

口を開けばケンカになるのが本当に嫌だったのですが、ある会員さんの一言でスッと気が楽になりました。その女性は共働きで夫婦の生活リズムがなかなか合わず、たまに家で顔を合わせても会話する時間的余裕がなくて、話す時間をとれないことがストレスになっている、と。「同じことを一緒にやれるのは、いいことよ」と言われて、私の悩みは大したことじゃないと思えました。「大変」と言うことは簡単だけれど、それをどう消化するかは自分次第だと思えたんです。だから最近は、周りから「大変ですね」と言われても、「そうかなあ……?」という感じです。

左目が見えなくなるかもしれないと聞いたときは驚きましたし、ショックでした。ただ、お医者様からトレーニングを控えるように言われたものの、一番ハードにトレーニングしていた時代ですし、主人にはその選択肢がないだろうな、と。診断を下された日は帰ってきて涙を見せていましたが、それで本人は吹っ切れたみたいです。言っても聞く耳をもたないから、私は補助するしかない。無事にトレーニングが終わってくれればそれでいい、という思いでした。

たった三日間で治療をやめるというときも、私は主人の決断を受け入れるだけでした。一日三食の食事と同じ位置づけにトレーニングがある人ですからね。本人にトレーニングをやめる気がないなら、手伝うしかない。「私が左目になるよ」と腹をくくりました。

主人のボディビル人生がこんなに続くとは、正直思っていませんでした。感覚的に、命がある限りトレーニングを続けるのは当たり前みたいなところはあるものの、私の性格上、そんなに突き詰めて苦しいことをしなくても、一定の成果も得られたのだから、これからは余生を楽しめばいいのに……と思うのですけどね。

でも、今を目いっぱい生きる主人のことだから、これからもボディビルをやる以上は、常に百パーセント注力するのだろうと思います。事実、ダブルスプリットではなくなった今も、密度としては当時と同じくらいのトレーニングをしていますし、ボディビルに向かう気持ちも変わっていません。自分の理想とする姿をとことん追求する、根っからの職人気質なんです。「この人、いったい何歳なの？」って思いますけど（笑）、夫ながらすごいなと思うばかりです。

井上康生 × 岡田隆 × 合戸孝二

【鼎談】柔道界とボディビル界の懸け橋

柔道男子日本代表の体力強化部門長で、ボディビルダーとしても活動する岡田隆先生が仲立ちする形で、柔道男子日本代表の井上康生監督と、合戸孝二選手が初対面。ウエイトトレーニングという共通の話題をきっかけに、業界の共通点を見いだすなど、貴重な対話が実現した。

「まずは己を知ることから始まる」

※『トレーニングマガジン』Vol.51に掲載

究極を突き詰める

岡田 お二人は二〇〇二年に韓国・釜山で開催されたアジア競技大会に出場されているのですよね。

合戸 ボディビルは二〇〇二年と二〇〇六年の二回だけ、正式競技として採用されたんです。その後は、アジアビーチゲームズに移行されましたけどね。

岡田 実は同じ空間にいらしたんですよ。これもご縁ですね。

井上 今回こうしてお会いできてうれしく思っています。以前読んだ、合戸さんのインタビュー記事で印象的だったのが「禁止薬物を使用している選手は、先読みができるから計画的に体をつくって絞れるけれども、ナチュラルの選手はそれがわからない。だから、極限のところを追求するのだ」とおっしゃっていたことです。その通りだと思いました。我々も勝つ方法を知っているのなら、教えてほしいくらい。絶対に勝てる方法などないからこそ、あらゆることを試し、究極を追求していくわけです。

岡田 ナチュラルながら、禁止薬物を使用する選手に負けない体をつくってしまおうとするのですから。

合戸 でも、体が変わっていくことや、扱う重量がどんどん増えていくことは楽しいですから。苦しいと思ったことは一度もありません。ダブルスプリットで一日八時間トレーニングしているときでさえ、次にその部位が回ってくるのが待ち遠しかったものですよ。

岡田 トレーニングを始めてすぐの頃は面白いように伸びるので、誰もが頑張れるのですが、一回大きく伸びた後、成長曲線は緩やかになります。なかなか変化が見られないのでつらいのですが、我慢して鍛え続けられるところがすごいと思います。

合戸 三十代で実践したダブルスプリットのおかげで、四十代、五十代とよくなっていきました。それがなかったら、とっくに引退していると思いますし、少なくとも今みたいな体にはなっていないでしょうね。

岡田 合戸さんがダブルスプリットをされていたのは何歳頃ですか？

合戸 始めたのは三十三歳くらいで、それから五〜六年ほど続けました。

井上 トレーニングのサイクルがかなり狭くなる、ということですか？

合戸 そうですね。一日一部位なら、一週間でローテーションがちょうど一周するところを、二周させていたので、単純にいえば二倍の量をこなしていたことになります。重量はどんどん伸びていきました。

岡田 こだわりもすごいんですよね。ベンチプレスを実施する際に、背中に敷いているパッドにしてもそう。以前、私がベンチプレスをしていたら、「右肩が下がるね」と、右肩の下に謎のドーナツ状のゴム板を置いたんです。それだけなのに効果を感じました。私が合戸式トレーニングに興味をもったのは、そういうところです。それまでの合戸さんは〝狂気の男〟という通り、無茶なことをしているイメージしかなかった。でも実は、繊細さやこだわりがあるから、あれだけのヘビートレーニングができているのです。

井上 人と違うことをされていますよね。究極を突き詰めていかないと、できないことだと思います。

岡田 井上監督も常々おっしゃる「異常なまでの執念」ですね。マシンもほぼ自作ですよね？

合戸　自分の体に合わせて作ったものが多いです。キツい分、しっかり負荷がのるようになっています。

岡田　筋肉に負荷を収束するマニアなんですよね……。それには体を守る必要がある。合戸さんが全身をギアで固めたり保護したりしているのは、弱いからではなく、大きな負荷に耐えるためであり、実施中に起こる不快感を取り除いてトレーニングに集中するため。筋肉に集中したいから、徹底しているのです。

井上　その発想が大切ですね。強くなる選手の傾向として、そういう発想があると感じています。なかなか伸びない選手は、「できないものは仕方ない」で終わらせて、新しいものに飛びついてしまいがちです。

岡田　簡単に自己完結してしまうのですよね。そして、ベーシックな種目だけを行って満足する。けれども合戸さんのような体をつくるためには、本当に追求しないと無理です。だからジムには、我々が一見しただけでは理解に至らないものがたくさん置いてあるんです。

合戸　（笑）。だけど、それが効果を発揮するんですよ。個人ジムですから、スペースに限界がある。だからこそ、最低限のものでどこまで体をつくれるかに固執せざるを得ないのです。

井上　壊れてしまったら何にもなりませんが、人間の体には筋肉にも神経にもまだまだ未知なる世界があって、追求すればするほどいろいろなものが見えてくることはあると感じます。柔道界において、我々が二〇一六年のリオデジャネイロ・オリンピックに向けた四年間で取り組んだのは、おそらくそれまでの方向性とは全く違うものを取り入れていくことでした。昔は組んで投げればいいという時代でしたが、今は組ませない、柔道をさせないなどいろいろな世界の格闘技が反映されつつあるため、変化なくして通用しません。その変化に対応できる選手が、今後も生き残っていくのではないかと思います。

精神的な強さが成長のカギ

岡田 合戸さんの心の強さは、尊敬に値します。どこからそんなエネルギーが湧いてくるのだろう、と。

井上 目のことにしても、選択肢を与えられたら、普通の人間ならば守りに入りますよ。

合戸 そうでしょうね（笑）。

井上 やはり自分が可愛いですし、基本的には苦しいところ、つらいところから逃げたいと思うのが人間の本能ですから。それを超越するボディビルに対する思い、精神的な強さは並大抵のものではないと思います。確かに、私も現役時代に大胸筋を断裂したときには、そのような心境でした。「再起不能になってもいい。今この瞬間にすべてかけよう」というくらいの感覚で挑んだ部分があります。しかしながら視力を失うとなれば、果たしてその選択ができるか。本当に合戸さんの心の強さはすごいと思います。

合戸 壁にぶつかってもなお、「どうすればもっとよくなるだろう」という思いのほうが強いですからね。

井上 そういう感覚は、昔からお持ちだったのですか？

合戸 昔から「どうしたら筋肉に効くのか」ということは常に考えています。誰もが永遠に重量を伸ばし続けることはできません。ベンチプレスなら自分は最高が百八十キロ。でも、地力では百八十キロしか挙げられなくても、百九十キロ、二百キロの負荷を胸に与えるにはどうしたらいいのだろうと考えついたのが、半円形のパッドを敷くことだったんです。

井上　その発想に行きつくのがすごいです。こういう世界で戦う人たちは、勉強することももちろん大切ですが、やはり実践ですね。

岡田　合戸さんの場合は実体験があまりに特別なこともあって、普通に勉強しただけでは到達できない境地にいらっしゃいます。

合戸　自分と同じことをすれば、百人中百人がデカくなるはずです。でも、実際には真似できないだろうという自負はありますよ。

井上　あとはやっぱり発想。中身ももちろんですが、それ以上に考え方が大事であって、合戸さんはそこが素晴らしいのだと思います。

合戸　自分がどういう体をつくればいいかを本気で考えたきっかけは、田代誠君でした。田代君の体は、近くで見たときと観客席から見たときとでは、迫力が全く違います。彼が日本チャンピオンだった頃、隣同士で並んでいるときには「よし、勝った」と思うのに、毎回負けてしまう。「なんで田代君のほうが評価されるんだ?」と思うのですが、あとから写真を見るとわかるんですよね、明らかに負けていると。じゃあ、彼に勝つにはどうすればいいか? 田代君はウエストが細く腰高で、自分とは生まれもった骨格が違う。これに対抗できるのは何かと考えたときに、行きついた答えが〝厚み〟でした。それからは、いかに厚みをつけていくか研究しました。

井上 我々の世界も、もちろん目の前に立つ相手との戦いではありますが、自分は何が強みで、試合でどういう戦いができるのかを知っている者と知らない者とでは、大きな差があります。まずは己を知ること。そして、次に相手を知ること。この両面を持ち合わせていない限りは絶対に勝てませんし、これから先、何をどのように計画・実践していけばいいのかは定まらない、という話はよくします。

岡田 ほかの選手にはない厚みを身につけて、それこそ先ほどもお話ししたように、禁止薬物を使用する選手にも負けない体をつくって世界に出ていこうとすると、嫌でも疑いの目は向けられると思います。それは鈴木雅さんも然りですが、体のデカさが尋常でないと、「使っているのではないか」と嫌疑をかけられる。抜き打ちのドーピングチェックを受けることは、今でもありますか?

合戸 雅も自分も、大会のときとは別に、年三~四回は受けていると思います。

岡田 年々変化はあるものの、この体つきは今に始まったわけではないのに何度も来て、陰性だとわかっていてもなお来るのですね……。ほかにチェックすべき人はいるはずです。

井上 本当ですね。それにしても、岡田先生から「合戸さんはデカいですよ!」とずっと聞かされていたのですが、今日お会いしてみて、先生の言うことがわかりました。柔道でいうと王子谷(剛志)のような感じで、圧倒される大きさです。減量はかなり過酷ですか?

合戸 年間の約半分は減量ですからね。でも、自分は減量中でもクロワッサンなんかを食べますよ。

岡田 トレーニングの強度とボリュームが高すぎて、一般の減量論が通じないのだと思います。

井上　岡田先生はずっと節制されていますよね。脂肪がつきやすいとわかっているから、日頃から極力揚げ物などはとらないようにしている、と。合戸さんは、減量中以外は特に制限なく召し上がりますか？

合戸　はい。例えば、ケ○タッキーとか（笑）。

井上　岡田先生が食を解放するのは、お酒を飲んだときくらいですよ。お酒の種類も、ビールやワインはほとんど飲まないのに、酔っ払ったらラーメンを食べるんです。丼に顔を突っ込んで「なんだこれは！めちゃくちゃウマい！」と言いながら食べますよね（笑）。

岡田　そんなこともありましたね……（苦笑）。

〝努力できること〟が素質

井上　失礼な質問かもしれませんが、ご自身のボディビルダーとしての能力は高いと思われますか？

合戸　素質はハッキリ言ってゼロですよ。二十代でボディビルを始めた頃は、なで肩だし、体重は六十キロもないし、ウエストもズドーンと太かった。持って生まれたものとしての素質は皆無です。ただ、もし自分に素質があるとしたら、努力できることだと思っています。

岡田　カッコいい……！　そう言える人はなかなかいません。

合戸　努力してここまでなれた、という自負はやっぱりありますよ。

井上　柔道界は〝ウサギ〟と〝カメ〟のタイプに分けられます。前者は能力や素質に優れ、一気に階段を駆け上ります。一方、後者は途中で諦めてしまう選手もなかにはいるのですが、チャンピオンに上り詰める選手もまた多くいます。彼らは得てして自分自身のことをよく理解している。だからこそ、死にもの狂いで稽古や肉体づくりに取り組み、地道な努力を続けられるのですよね。

岡田　井上監督は「眠らないウサギ」と言われていましたね。合戸さんにとってボディビルとは？

合戸　そうだなあ……終わりのない旅、ですかね。

岡田　素晴らしいです。私も聞かれたらそう言おう。

合戸　（笑）。引退しない限り、続くものですからね。じゃあ、井上監督にとって柔道とは？

井上　すべて、ですね。私をここまで育ててくれたのも柔道ですし、これから先も柔道に関わりながら、その発展の一助となりたい。これは私の個人的な思いですが、オリンピック競技において、日本にルーツを持つ唯一の競技が柔道です。柔道は日本の文化的スポーツだと位置づけるならば、これほどやりがいのあることはほかにありません。その思いを胸に世界と戦い、日本の発展につながれば、という思いはありますね。筋肉の世界やボディビルの世界が面白いのと同じように、柔道の世界も私にとっては非常に奥が深く、面白いものです。

いのうえ・こうせい
1978年5月15日生まれ、宮崎県出身。東海大学体育学部准教授。東海大学体育学部武道学科卒業。同大学大学院体育学研究科修士課程修了。全国少年大会をはじめ、全国中学校体育大会、インターハイなど各年代の大会を軒並み制覇。切れ味鋭い内股を武器に、大内刈、大外刈、背負い投げなどを得意とする超攻撃柔道で数々の結果を残した。99、2001、03年世界選手権100kg級で優勝。00年シドニー・オリンピック100kg級金メダル。01～03年全日本選手権優勝。08年に選手としての一線を退き、09年から2年間、英国に留学。帰国後の11年から全日本強化コーチ、12年11月から全日本監督を務める。

あとがき

不純な動機で二十歳の頃にトレーニングを始めた俺が、本格的なカラダづくりに取り組むことを決意し、さらにはボディビル大会出場を目指したのが二十六歳のとき。

今、俺は五十六歳だから、ボディビル歴でいえばちょうど三十年になる。

自身の城であるマッスルハウスジムを拠点に、妻の真理子と二人三脚で歩んできた三十年は、本当にあっという間だった。その間、カラダづくりの難しさに日夜試行錯誤し、ボディビルという競技の奥深さというか、その時々で変わる審査基準に葛藤することもあった。極限を追求した結果、左目は光を失い、二〇一六年はトレーニングがまともにできないほどの神経損傷を負った。いずれも、ボディビルダー・合戸孝二の人生を大きく左右した出来事だ。

だが今もなお、俺は俺の信じるトレーニングを続け、ボディビルに挑戦し続けている。

それはなぜかといえば、トレーニングが、そしてボディビルが好きだからにほかならない。

本書は俺にとって初めての本だ。タイトルにもなっている『執念』には、「ある一つのことを深く思いつめる心。執着してそこから動かない心」といった意味があるらしい。

確かに、俺は「どうすればよくなるか」を探し出すのが大好きで、寝ても覚めても自分のカラダをよくすることばかり考えている。そして、厳選したトレーニングを最後まで全うすることが、今も昔も最高の幸せだ。もしトレーニング中に痛みを覚えたとしても、途中でやめたり、痛みの出ない種目に替えたりはしない。「どうすれば痛みが出ないか」を考え抜いて、最後までやり切る。

そうしたねちっこい追求は、周りから見れば「執念」に見えるらしいが、俺にとってその過程は、苦しさよりも成長できる喜びのほうがはるかに勝っている。

それに、俺は自分のやってきたことがすごいなどと、これっぽっちも思っていない。そもそも俺は、自分に素質があると思っていないし、だからこそ、このくらいやらないといけないと考えている。そしてどんな世界でも、突き詰めた者こそが最後に笑う——俺はそう信じているんだ。

そんな俺の信念や考え方が、トレーニングやボディビルを愛する人はもちろん、何かに悩んだり、迷ったりして行き先を見失っているすべての人たちの背中を少しでも押すことができたなら、幸いだ。

合戸孝二

著者 合戸孝二 Koji Godo

ごうど・こうじ
1961年4月1日、静岡県生まれ。身長164cm、体重（オン）70kg、（オフ）84kg。トレーニング歴36年、ボディビル歴30年。50歳を過ぎてもなお、戦い続けるボディビル界の鉄人。現在も日本トップクラスでしのぎを削っている。バルクで海外の選手と渡り合ってきた数少ない日本人ビルダー。主な戦績に2005、07〜09年日本選手権優勝、11年アジア選手権（70kg以下級）優勝など。選手として活動する傍ら、静岡県ボディビル・フィットネス連盟理事長、日本ボディビル・フィットネス連盟選手強化委員会委員、JOC強化スタッフも務める。

執念《しゅうねん》 覚悟《かくご》に潜《ひそ》む狂気《きょうき》

2018年1月31日　第1版第1刷発行

著　者　合戸孝二《ごうどこうじ》
発行人　池田哲雄
発行所　株式会社ベースボール・マガジン社
〒103-8482
東京都中央区日本橋浜町2-61-9 TIE浜町ビル
電話03-5643-3930（販売部）
03-5643-3885（出版部）
振替口座　00180-6-46620
http://www.bbm-japan.com/

印刷・製本　共同印刷株式会社

ISBN978-4-583-11116-2　C2075